やさしく学べる

ピュタゴラス
数秘術入門

小橋 京花

## はじめに

　数秘術と聞いて何を思い出しますか？　数学のように堅苦しい印象でしょうか？　何ともおどろおどろしい魔術のようなものでしょうか？　数字アレルギーから抜け出せず、敬遠してしまう人もいらっしゃるかもしれません。一方で、ハリウッドスターが夢中になったカバラが日本でもちょっとしたブームとなり、カバラの影響を色濃く受けた数秘術のイメージの方が定着しているかもしれません。

　しかし、ピュタゴラス数秘術はカバラなどの異なる概念を合わせるものではなく、純粋に数の持つエネルギーを用いていきますので、日本のように宗教的な背景、特にキリスト教的な背景がない文化で育った私たちにとっては、かえって理解しやすく楽しめる手法だと思います。

　また、カードセッションやボディワークの場合は、ふいに友人から「やってもらいたい」と言われても簡単にはできませんが、ピュタゴラス数秘術はその人の生年月日と名前がわかれば、いつでも世界中どこにいても宇宙の英知にアクセスできるのです。

　最近では、スピリチュアルという概念自体が良い意味で定着し、いろいろな方法が日本でも認知されました。その中で、いつでもどこでもできるピュタゴラス数秘術は誰もが取り入れやすく、まさに地に足着いた生活で生かされるヒーリングワークです。

　本書では、魂の核となり生涯のテーマとなる軌道数を中心にまとめてみました。軌道数の持つ人生のテーマを元に恋愛や仕事でその要素を生かしていくコツをつかんでいただけるようになっています。また、気になるあの人の軌道数を知り、その人の心の内をちょっとのぞいてみることで、ますます身近な存在に感じられることでしょう。「スピリチュアルは、特別なもの」と身構えず、ドンドン生活に取り入れて、キラキラした毎日に役立ててくださいね！

# Contents

はじめに　3

ピュタゴラス数秘術とは　6
Ⅰ　自分の軌道数を知る……………11
　　軌道数とは…………………12
　　軌道数1のあなた……………14
　　軌道数2のあなた……………22
　　軌道数3のあなた……………30
　　軌道数4のあなた……………38
　　軌道数5のあなた……………46
　　軌道数6のあなた……………54
　　軌道数7のあなた……………62
　　軌道数8のあなた……………70
　　軌道数9のあなた……………78
　　軌道数11のあなた……………86
　　軌道数22のあなた……………94

Ⅱ　自分の個人周期数を知る………103
　　個人周期数とは………………104
　　個人周期数1の年……………106
　　個人周期数2の年……………108
　　個人周期数3の年……………110
　　個人周期数4の年……………112
　　個人周期数5の年……………114
　　個人周期数6の年……………116
　　個人周期数7の年……………118

個人周期数8の年……………120
　　　個人周期数9の年……………122

Ⅲ　宇宙周期数を知る……………125
　　宇宙周期数とは………………126
　　宇宙周期数1の年……………127
　　宇宙周期数2の年……………128
　　宇宙周期数3の年……………129
　　宇宙周期数4の年……………130
　　宇宙周期数5の年……………131
　　宇宙周期数6の年……………132
　　宇宙周期数7の年……………133
　　宇宙周期数8の年……………134
　　宇宙周期数9の年……………135
　　宇宙周期数11の年……………136
　　宇宙周期数22の年……………137

ピュタゴラス数秘術とアロマセラピーの関連性　　138

おわりに　　143
著者紹介　　144


## Column

ピュタゴラス数秘術との出合い　　　　　　　　102
数秘術・アロマセラピーと医療行為のつながり　124

# ピュタゴラス数秘術とは

### ピュタゴラスが生み出した数の魔法
### 数学の発展と共に数秘術は磨かれる

　「数秘術」は、誕生日を使って行う占いのようなイメージがあるかもしれません。数秘術といっても、現代に伝わっている数秘術は古代の数秘術を全くそのままの形を残しているのではなく、長い歴史の中でその時代背景や、文化の影響を受け若干変化しています。

　「ピュタゴラス数秘術」はその中でも古来から伝わる数の持つエネルギーを純粋に扱う手法といえます。

　ピュタゴラスは紀元前582年生まれの、古代ギリシャの科学者であり哲学者でありました。当時は科学が今のように細分化されておらず、化学、数学、医学、生物学などすべてを包括して研究していたようです。ただ、文献に関しては歴史的に古すぎて残っておらず、本当のピュタゴラスの生涯を裏付ける資料はないそうです。

　ピュタゴラスは「ピュタゴラスの定義」で知られている通り、数学者として特に長けていました。ピュタゴラスはピュタゴラス教団という秘密結社（マジックスクール）を立ち上げ、その中で活動していました。大変秘密主義的な集団だったため、教団での活動や研究成果は口伝のみでした。そのため、研究成果やピュタゴラスの活動の詳細という物がないのです。その中の研究の一つに数の持つエネルギーがあり、現在の数秘術の発祥といわれています。

その後、数秘術は数学の発展と共に研究が進んでいきます。そしてルネッサンス時代に入ると文化や芸術の発展に力が注がれました。ルネッサンス時代はそれだけでなく、魔術の分野の発展も進んでいった時代です。タロットカードもこの時代に単なるカードゲームからスピリチュアルなエネルギーの概念が加わりましたし、ユダヤ教のカバラや西洋占星術などさまざまな魔術分野が発展していきました。その中で数秘術ももちろん成熟していったのでした。

　数秘術のみでなくマジックの領域は、このように古代から中世、近代にかけてヨーロッパで発達した歴史もあり、長らく拠点がヨーロッパでありました。

　20世紀前半になるとアメリカが発展し、文化の中心になってくるとアメリカ（特にニューヨーク）に魔術師が移住し、後継者も育ち、ヨーロッパのみでなく、アメリカでもマジックの領域の発展がみられるようになりました。数秘術というよりもトートのタロットカードで有名なアレイスター・クロウリーも、晩年の拠点の一つとしてアメリカに一時期居住していました。

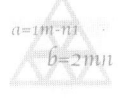

## 西洋も東洋も数のエネルギーを重視
## 数千種類の組み合わせができる数秘術

　現在ではアメリカやヨーロッパをはじめ、日本でもさまざまな流派が生まれ、カウンセリング手法の一つとして注目を集めています。

　ルネッサンス時代にさまざまな魔術的な概念と共に発展した歴史もあり、数秘術を専門的に学んでいる数秘リーダーはカバラも研究

されている方も多いため、現在残っている数秘術はどうしてもカバラ的要素と解釈が入っているといわれています。その比重が大きく、前面に打ち出した解釈をしているのがカバラ数秘術で、なるべく数字の持つエネルギーを重視しているのがピュタゴラス数秘術というのが正しいのかもしれません。

　もちろん、紀元前から人類は発達し、文明も情報伝達もすべて古代からは変貌を遂げています。その進化に合わせて数秘術自体も進化しており、現在のピュタゴラス数秘術は20世紀前半からの近代の流れをくんだ内容として発展しています。

　このようにもともとは数学という学問から、深く数について考察された結果、「数の持つエネルギーがあるはずだ」と認識されて生まれたのが数秘術です。数秘術は、その数のエネルギーを感じるエネルギーワーク的な要素ももちろん背景にはありますが、しかしそれを検証し続ける経過に関しては、数秘リーダーたちが歴史的に積み重ねてきた統計学的な学問的要素も含まれています。この積み重ねがあってこそ、数秘術が長年廃れずに現代にまで継承され、今でもさまざまな形で利用されているしっかりとしたバックボーンを支えているといえるでしょう。

　中国では今でも大事にされている風水学や四柱推命なども統計学といわれており、風水には風水独自の数字の持つエネルギーの扱い方があったりします。全く文化が異なる西洋と東洋で数字のエネルギーについてのとらえ方が共通しているのが興味深い点です。

　ヨーロッパを中心に数秘術は発達してきたので、西洋のイメージがあるかもしれません。しかし、中国やエジプトなどでも数秘術に近い手法がありました。つまり、人の生まれた日というものに着目

するという思考は、人類に共通する概念なのかもしれません。

　ピュタゴラス数秘術には生年月日を用いた「軌道数」や「個人周期数」、「宇宙周期数」などがあります。「軌道数」は男性でも女性でも生まれたときに決まり、生涯変わらない数字となります。そのため、その人の全体像をあらわしています。魂が今生での人生で体験するさまざまな出来事からどんな側面を中心に学んでいくのかという、学びの性質をあらわします。そのほかに氏名から計算する「ハート数」や「人格数」、「表現数」という３種類の数も含めて最も基本的な性質を異なる角度からあらわしていきます。本来は軌道数以外の３種類の数との組み合わせでみていきますので、数千種類の組み合わせがあることになります。軌道数のみの分類ですと11種類となってしまいますが、もっと詳しく自分や周囲の気になる人の魂の性質を知ってみたくなった方は、もう少し勉強してみることをお勧めします。

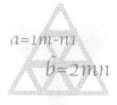

## 数の力だけに注目した占術だからこそ多くの人に親しまれる

　私自身が数ある数秘術の流派の中でピュタゴラス数秘術に惹かれた理由は、数の要素以外に鑑定法の開発者独自の意図が含まれる部分が少なく、思想的背景にクセが少ないからです。

　シンプルに数のエネルギーに注目しており、クセが少ないピュタゴラス数秘術は、実際にクライアントさんの鑑定をする際に、ほかの手法と組み合わせるときでもそれぞれの方法の持つ方向性がはっ

きりしており、使い分けもしやすいと感じたのです。

　特に占いのプロとして活動しておらず、お友達や家族の心をちょっとのぞいてみたいと思う方にとっても、数の概念に集中している方が活用しやすいと思います。はじめての人からプロまで幅広く楽しめるのが、ピュタゴラス数秘術の長所です。

　自分の感覚で「○○さんはこんな人」と感じていることが、どんな性質から生まれてくるのかを客観的にとらえることができますし、「時々こんな一面も感じる人なんだけど……」と思い当たることがわかったりするだけでも、その後のコミュニケーションの役に立ってくれると思います。

　チャネリングやタロットカードなど「今、ここ」のエネルギーを読み取る方が確実となるセッションを行う際は、はっきりと明確な時間軸のバイオリズムを明言するのは難しい場合が多いかと思います。一応、こういったセッションもだいたいの時間的な目安をエネルギーから読み取れる場合もありますが、セラピストの体感や経験値、技量に頼る部分も大きく、確実かどうかを裏付けるのが困難な場合が多いかと思います。

　そういうセッションの際に、個人周期数で年単位のテーマが明確に示せる方法としてピュタゴラス数秘術を用いることで、クライアントさんにとってもはっきりとメッセージを認識しやすくなります。今、慣れ親しんでいるリーディングの幅が出てセラピストとクライアントさんの助けとなってくれることでしょう。

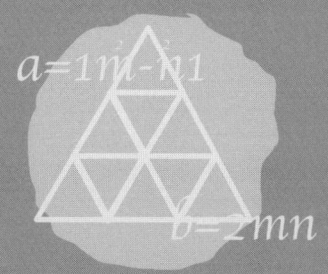

# I 自分の軌道数を知る

# 軌道数とは

**あなたの運命を決定づける
生涯変わることのない数の力**

「軌道数」とは、生年月日から計算される数です。名前の性質を含まない数ですから、生まれて親からつけてもらった名前、結婚や離婚などで変わる姓も含めて、人が生まれてから社会的な形式上与えられる「名前」の要素を含まない数です。ということは、人の魂からみると「後付けの要素」は含まれず、生涯変わらない数であり、その人が生涯通じて学ぶべきテーマをあらわす数といえます。

### 計算方法

実際は、軌道数の出し方はいろいろな計算方法がありますが、一桁の数になるまで足していくと必ず同じ数にはなります。本書ではメジャーな計算方法を用います。

例えば、1973年2月28日生まれの場合
生年月日をバラバラにして一桁になるまで計算する。
1＋9＋7＋3＋2＋2＋8＝32
3＋2＝5
※ ただし、「11」と「22」の場合はそれぞれ「2」と「4」としないことに注意してください。

実際のピュタゴラス数秘術での鑑定を行う場合は、軌道数以外に計算される多くの数を用いて詳細にその人が持つ性質というものを

確認していきます。実際の鑑定では軌道数は、その人の持つ核になる部分であり、さまざまな場面でのその人の感じ方や考え方、態度をあらわすキーワードのような数です。全体的な関わりとして念頭に置く数字として使います。

　人はみな学びのテーマを与えられて生まれてきているといわれています。人生で経験するさまざまな出来事を通じてその学びを完成させていきます。その出来事にどのように関わって行動していくのか、どのように受け取り、感じやすいかは人それぞれ違います。その関わり方の方向性を示すのが軌道数です。

　数の性質というものはポジティブなだけでなく、もちろんネガティブに働くこともあります。軌道数にももちろん当てはまります。軌道数の持つ性質をうまく表現できているときはポジティブに働きます。しかし数の性質がマイナスの方向性を持ったり、数のエネルギーがうまく機能していない状態のときは、ネガティブに働きます。

　つまり良いときも悪いときも、同じように数の持つエネルギーの影響は受けているということです。

　本書では、軌道数の全体像、性格、仕事、恋愛に与える性質をそれぞれ解説しています。まずは全体像を知り、自分や気になる人がどのような性質を基本として持っているかを確認してみてください。それを知っておくと、今後起こる出来事に対して、自分らしい冷静な行動や取り組み方がつかみやすくなることでしょう。

　それをベースとして性格や仕事、恋愛という側面となるとどのような関わり方になってくるのかという部分を探っていくと新たな発見があるでしょう。

# 軌道数 1 のあなた

どんなシチュエーションでも自分を強く出す
たゆまぬ情熱があなたを支える

> Keyword
>
> はじまり
>
> 自立
>
> 私とは何か？
>
> 起爆剤
>
> 積極性

**日常に潜む現状打破の思い
それを実現させるのが「1」の力**

　軌道数1とは「種」です。種は時間と共に発芽して成長し、やがて葉が生い茂り花を咲かせます。種は小さくても大きく育つ将来性を内に秘めたエネルギッシュな存在です。種の段階ではまだ何も始まっていないようにみえますが、その地味な種の中では既にアクションが起き始めているのです。殻を割る瞬間に放つエネルギーは、一瞬のようですがその分凝縮されて、莫大なエネルギーを放出します。

軌道数1の持つエネルギーはこのような「内に秘めた力が爆発する瞬間」をあらわしています。爆発する瞬間とは特別なものではなく、私たちの日常の中でも、必ずこのようなエネルギーを秘めた問題を抱えているはずです。「はたしてこの問題はできるかどうか？」「どうすれば達成できるか？」「リスクを伴うくらいならやめようか？」「そもそも本当にやりたいことなのか？」などと悩むことは誰しもあるはずです。それら不安を一蹴して具体的なアクションを起こす瞬間の純粋な陽のエネルギーであり、男性的なエネルギーを与えてくれるのが軌道数1の力なのです。

　ほかに軌道数1のキーワードとして「自立」が挙げられます。自立にもいろいろな意味がありますが、軌道数1のあらわす自立とは、生活では「まず自分がどのように生きるのか？」を考えて行動することです。人間は形ある三次元で生きているため、「形＝行動」して結果を出していくことで初めて学びとなるのです。思考して考えているだけではまだ自分が思うものは手に入りません。軌道数1のエネルギーは、これから自分が責任を持って新しい未来をつくっていくワクワクした芽吹きの予感を秘めています。しかし、軌道数1の力がマイナスに働くと、強引さや破壊的、わがままとなってしまうことになりかねないので注意が必要です。

### 軌道数1の人の性格　現実的志向だけど自分の考えにはまっすぐ　周りと協調することの大切さも考えてみて

　軌道数1の人は、しっかり者でハキハキと自分の意見を伝えるのが上手です。周りに流されず、自分なりの方法や生き方を持ち芯が通っている人です。

「自立心」が軌道数1のキーワードですから、依存心が強く何でも人に聞いてみたり、人にお願いして物事を進めようとするタイプには共感できません。自分で自分のことをきちんとやることが自立の一歩であると考えるため、周囲との協力関係を取ることが難しいことも多いでしょう。一匹狼もよいけど、人間は一人では生きていけません。周囲の人に自分の意見を伝えるだけではなく、周囲の意見を聞き入れることも必要です。頑固で柔軟さに欠けてしまうため、周囲と衝突してでも自分の考えを通そうとすることもあるかもしれません。

軌道数1には、情熱や躍動という意味があります。自分の確固たる願いを叶えるために情熱を持って歩む姿勢と同時に、しっかりと現実に目を向けて地に足着けて生きていく姿勢を好みます。多くの人が積極的で行動的なタイプです。

また、「1」「3」「5」という奇数は男性性の数といわれています。

男性性というと、ポジティブにエネルギーが流れているときは活動的、外向的、積極性、責任感というような陽の性質をあらわします。また、曲がったことは嫌いで真実を良しとするまっすぐなところもあります。

## リーダーシップを発揮できる組織のトップ向き
## 手に職を持てばフリーランスとしても活躍できる

軌道数1の人はその行動力を生かし、自分のアイディアで工夫しながら働くスタイルが最も心地良い環境になることでしょう。責任感も強く、リーダーシップを取ってチームを引っ張る役割を任されることも多いのではないでしょうか。

軌道数１の人の特徴である自立心がリーダーシップを発揮するときのみでなく、きちんと自分の仕事はできる限りしっかりやろうという日常的な責任感を育てるのです。自分が考えたビジネス戦略を具現化するために、新しいプロジェクトを立ち上げてみたり、自分で起業することを考える人も多いのではないでしょうか。

　軌道数１ではなく、純粋な数としての「１」は、「肉体・物質」をあらわす性質を持っています。ですから、スポーツ選手やインストラクター、とび職、建築業など肉体を使う仕事にも適しています。そして、「自立＝自分の手でしっかりと手に職をつける」という考えから、業種を問わずに経営者を目指す人もいるでしょう。プロとして自信をつければフリーランスとして自分で道を開拓することも楽しめるはずです。

　ただし、あまり力みすぎて周囲の人から浮いてしまい協力が得られないような状況になったり、孤立してしまったら要注意です。時には冷静になり、周囲とのバランスをみつつ、企業の役職者などとして真のリーダーシップを発揮していくことで、スムーズに物事が進むようになるでしょう。

　責任感と自立心を備えている軌道数１の人は、リーダーシップを取る必要があるポストでも十分に素養を生かせるので、大企業の役職者や経営者としての役割もうまくこなせるでしょう。

## 恋愛でも常にはっきりが信条
## 相手のことを考える余裕を持って

　軌道数１の人は活発で自分の意見もハキハキと伝えられて、周囲の人からも「明るくしっかり者な姉御肌」といわれるタイプ。

軌道数1の人は自分が主導権を握ってコミュニケーションを取る方が、受身で待つよりも落ち着きませんか？　恋愛面においては好きな人には自分から好きと伝えたいタイプ。自分が「好き」か「嫌い」かという認識をはっきり持ち、あいまいにできないため「告白されたから、何となくつき合ってみようかな？」という考えにはなかなか結びつかないのではないでしょうか。

　好きになったら一直線のためわかりやすい人でもあります。その分、自分の気持ちだけが先走らないように要注意。告白されるのを待つ場合でも、相手が告白しやすいようなシチュエーションを自分でつくってみるなど待ち続けるだけというのは苦手です。一度好きになったら気持ちに裏表がなく、はっきりと愛情も伝えるので信頼されることでしょう。ただし、気持ちが離れたらきっぱりと相手に伝えるタイプ。その際は、相手からみれば急すぎて理解できないと感じる場合もあるので、伝え方はきちんと相手のことも思いやる必要があります。

　一般的な対人関係では、しっかり者で責任感が強く、裏表もない人柄が信頼を呼ぶのです。みんなで遊びに行く計画を立てて実行したり、パーティーの幹事もそつなくこなすことができます。友人や知人とのおつき合いでも、ウソをつく人や約束があいまいな人、はっきり物事を言わない人とはソリが合わないと感じることが多いかもしれません。ついつい、「ダメなものはダメ！」とキツく言い過ぎて、反省することも多いかも。ムカッとくるようなことがあったら、まずは深呼吸してちょっとクールダウンしてみましょう。

　軌道数1の男性性が強まりすぎると、過度に攻撃的になったり、周囲が見えなくなって自分だけつっぱしってしまうこともあります。反対に軌道数1のエネルギーがうまく機能しないと、自虐的になったり依存的な要素が強まります。ただ、白黒はっきりしていな

いと納得できない側面もあるので、納得いかないことがあると大爆発を起こすこともしばしば。短気な側面で損をしないように要注意です。

軌道数1の将来へのアドバイス

## 自分が本当にやりたいことを常に意識すればカリスマ性をさらに発揮できるはず

　軌道数1の人のエネルギーは、真夏の太陽のように明るくポジティブで熱い情熱を秘めています。その分、その力を頼りにしてくれる人に支えられて道を切り開いていくことでしょう。そのカリスマ性とリーダーシップを生かして、人の中心となり牽引することができる可能性を秘めています。その力を生かして「今、ここ」の自分を見失わず、「今、自分が本当にやりたいこと」をしっかりと意識して人生を切り開くことで、ブレずにプラスの力を発揮することでしょう。

　物事が停滞しているときに短気を起こして自暴自棄になってしまうと、それまでの積み重ねを一気に壊してしまうことにもなりかねません。そういうときこそ一度自分を見直して、「それでも続けていくべきこと」ならば方法を見直して再度チャレンジする計画性を持つこと、反対に「もうモチベーションがない」と感じたならば周囲を気遣いつつあらたな目標に向かってチャレンジする修正力が大切です。「これから何をしたいのか」や「どう生きて生きたいのか」といった自分の本来の目的は、そこにあるのです。その純粋な魂の意思が、自分自身の「核」として生涯のテーマになるわけです。

　そのような魂の声を叶えるには、消えることのない情熱を持って取り組むことが必要です。

# あなたのまわりの軌道数1な人

## 1 幹事をお願いしたいと思うときにいつも一番に思いつく人

率先して場所を確保して、計画を立てる部分をやってくれるので、お任せしちゃいましょう。連絡や出欠確認など細かい事務作業は別途担当を準備して。

## 2 自分の考えを押しつける上司

猪突猛進で突き進み、部下はついていけず惑うことも。その分、チームを牽引する力にもなります。疑問が出たときはタイミングをみて質問してみることも大事。

## *3* 一人暮らしできるようにバイトに励む同級生

同い年なのにしっかりした考えを持ち、はっきりとした自分の意見を持っています。人の意見も聞かないので、本人の好きなペースで行動させてあげるのが一番です。

## *4* 好きな相手ができたら自分から必ず告白する人

相手と駆け引きなんて、まどろっこしくて待てないタイプ。あまりに強引に誘われて困るなら、はっきりと「ノー」と言うことも必要です。

## *5* 結婚しても自分の遣う分のために何かしら働いている人

結婚後も仕事やアルバイトをして個人のスペースを保つことで生きる実感を得るのが軌道数1の人。仕事でなくても、家事などで自分の意思を反映させるパートを持ってもらうことで自立心を養うことになるはず。

# 軌道数  2 のあなた

たおやかな受容性と母性が通底する
人との調和があなたを育て上げる

> Keyword
>
> 受容性
> 芽吹きの時期
> 受身
> 柔軟
> バランス

**あるがままを受け入れる受容性
その一方で対極を照らし出す**

　軌道数2は、軌道数1で蒔かれた種から芽吹き、木々に成長していく段階です。

　新緑の気持ち良い季節の中で、その環境を受け入れてのびのびと木々は成長していくのです。種から芽が出てこれから成長していくようなエネルギーです。すくすくとただ純粋に成長することだけを楽しんでその環境に根づいていくような流れです。

　草花や木々が育つ過程では、水や肥料は人や自然の恵みから受け

取ることが必要で、自分から水を汲みに行ったりすることはできません。ただ、種が落ちた場所の環境や条件を受け入れ、その中で必要な条件がそろった分の成長をするしかないのです。

軌道数2はそのような受容性や受身の要素があります。軌道数1のようにガンガン自分で道を切り開く男性的な要素とは全く逆の、女性的なたおやかさやしなやかさを持ち合わせる数です。

軌道数2の受容的な柔らかい波動は母性に通じる性質でもあります。自分から意見を主張して物事に動きを持たせるのではなく、周囲を見守り調和が保たれるように調整するような側面です。

一方、軌道数2には対極をあらわす面もあります。男と女（男性性と女性性）、陰と陽、光と影、月と太陽など自然界においては必ず対となる一面を持ち合わせています。どちらか一つだけ存在する世界というものはありません。光があれば陰があり、月と太陽があるから重力もバランスが取れます。男と女がいるから社会でもそれぞれが機能を担っていますし、動物もオスとメスでお互いをカバーしあって厳しい自然界を生き抜いているのです。反対の要素ともバランスを取ることで初めて、対となる要素が生きてくるということも忘れてはなりません。

このようなソフトな一面は違う側面から見ると、決断力のなさや優柔不断さにつながり、ついつい周囲の意見や現状の流れにただ流されてしまうことになるときもあるでしょう。あまりにも自分の考えと違うと感じる物事に関してただ流されていては、引き返せないことになってしまうかも。必要があるときは、きちんと自分の意思に従った行動を取る強い意志も必要です。

 ## 物腰柔らかくみんなの「お母さん」役
## 時には自分の意見もはっきり出して

　軌道数2の人は物腰が柔らかく、周囲を温かく見守るような人です。自分の意見を積極的にアピールして目立ったりするのは苦手。押しにはめっぽう弱く、優柔不断だと思われるかもしれません。一歩引いて全体を見渡すくらいの距離感が落ち着くのです。その分、バランス良く物事を見極めることはできますから、自分から意見を言わなくても、求められれば的確なアドバイスをしてくれるでしょう。

　女性的な一面が強いため、よく「お母さんみたい」と言われる人も多いはず。きちんと人の話を聞いてあげられるので、愚痴をこぼされたり恋愛相談を持ちかけられたりすることも多いかも知れません。

　感覚や感情面をくみ取ることの方が、現実的なビジネスプランを考えたりするよりも得意です。ただ、現実的な思考回路よりも感覚的な要素が強いため、つい感情的になってしまったり、カンや気分で考え方が変わったりすると気分屋さんだと思われてしまう面もあります。

　また、押しに弱い分、自分の意にそぐわないことを押しつけられてやらざるを得なくなったり、好きでもない人から説得されて、ついつき合ってしまったりしてしまうこともあるのでは？

　きっちり自分の意見を発言しづらくても、「ノー」を言うべきときはしっかりと伝えることが必要です。

## リーダーを支えるナンバー2
## 繊細な感覚が仕事を磨き上げる

　軌道数2の人の物腰の柔らかさは、周囲を和ませて場の調和を保つ役回りとなることが多いでしょう。そして素直に上司の意見や周囲のアドバイスも聞くタイプなので、上司としては使いやすい部下、同僚からも気さくに話せる温和な同僚として頼りにされて、仕事を任されることも多いかもしれません。しかし、自分の意見を前面に押し出すことが苦手なため、「ノー」と言えず問題を抱えこんでしまう可能性が高いのも軌道数2の人の特徴。そうなる前に、ダメなときはダメと伝える必要があります。

　自分から引っ張るよりも、縁の下の力持ち。リーダーよりも、ナンバー2としてリーダーを支えるタイプです。

　感性も繊細なのでただ仕事をこなすだけでなく、一工夫を加えてより使いやすい資料を作成したり、アイディアを加えて重宝がられることもあります。

　繊細で受け身な分、周囲とのちょっとした行き違いがストレスに感じることもあるでしょう。「自分だけが苦労させられている」や「悪口を言われた」などちょっと損した気分になってやる気を失ったりせず、冷静に判断し自分の意見を言うべきときは伝える方がよいでしょう。

　女性的な一面から気分のムラが仕事場での態度に出てしまったり、仕事に影響を与えたりしないように注意しましょう。

　軌道数2の人は保育士や看護師など、母性的な感性を生かすことが可能。また、人の話をよく聞きバランスの取れた考えを与えられることから、カウンセラーなども適職です。自営業を営む際は、ワンマン社長ではなく、周囲の意見もくみ取る「フェミニン・リー

ダーシップ」を発揮する社長さんとなることでしょう。女性的な感性や感情豊かな一面を生かしてキメ細やかな対応を得意とすることから、接客業務や受付業務も適職。また、家庭の主婦として母の役割をしっかり担うことも大事なことで、バリバリ外でキャリアを積むよりも幸せと感じる場合は、結婚したら未練なくスパッと仕事を辞めて家庭に入ることもいとわない人も多いでしょう。

### 典型的な「女の子らしい」タイプ
### 奉仕の心が相手に癒しを与える

　軌道数2の人は女性の場合、本当に「女の子らしい」タイプ。男性の場合は「優しくて、女の子の気持ちも考えてくれる」タイプと言われることが多いかもしれません。

　いつもニコニコしていて、優しい人という印象が強いでしょう。「2」は母性をあらわす数字でもあり、家庭的な印象をもたれます。基本的には、いわゆる「尽くすタイプ」で相手のことを思いやり、包み込むような愛情表現が得意な人です。パートナーの愚痴を聞いてあげたり、相談に乗ったりすることで、パートナーも居心地良くほっとできる相手として心を開いてくれるのです。相手の気持ちをくみ取っていろいろ相手のためにしてあげることも苦になりません。けんかや争いごとを嫌うあまり自分の意見を言うべきときに言わず、何となく相手のやりたいことや意見にそのまま合わせてしまうことはありませんか？　あまりに相手にばかり好きなようにさせる環境をつくってしまうと、「尽くす」というよりも、放任、わがままを助長させてしまうことになりかねません。相手に合わせすぎてしまったり、自分の意見を主張しなさすぎると、物足りない、何

を考えているかわからないと思われることも。自分でも負担に感じるようなことを我慢し続けて、ストレスを溜め込んで爆発する前に、自分が言うべきことは遠慮なく伝えましょう。

### これからの時代に求められる柔軟性
### 懐の広さを持つことが強みとなる

軌道数1の人を太陽だとすると、軌道数2の人は月といえます。月は太陽の反射で輝いており、自分から発光していない、受動的な輝きです。そしてその光は柔らかく女性的です。

軌道数2の人は繊細な感性を生かして、周囲の人々を和ませたり癒しを与えることで、自分の母性を満たし満足感を得ることができるでしょう。

男性も女性も、これからの時代はただ強気なだけのリーダーシップは通用せず、相手に歩みよる柔軟性が求められます。軌道数2の人の持つおやかさや、素直さを生かしたこれからの世代のリーダーシップの形を築いていくことも可能かもしれません。

受動的な一面を懐の広い思慮深さという強みに変えていくことで、より快適で豊かな人生を生み出せる可能性を秘めています。

# あなたのまわりの 軌道数 **2** な人

## *1* いつもにこやかで自分の好みの商品を持ってきてくれるショップ店員

店が売りたいものだけでなく、お客さんの欲しいものをくみ取って勧めてくれる店員さん。常連になって、ひそかに自分専属スタイリストになってもらえると、お得かも。

## *2* 凹んだときについ電話してしまう友人

とにかく話を聞いてくれて慰めて欲しいときに、真っ先に顔が浮かぶ人。包み込んでくれる優しさが、傷ついた心を癒してくれるでしょう。

## 3 仕事で上司と意見が対立したときに
相談に乗ってくれる仕事仲間

なぜかこの人だけは信頼できると感じさせるあの人。実用的なアドバイスをもらえなくても、話すことで頭をすっきり整理でき、落ち着きを取り戻せます。

## 4 恋愛話を聞いてもらうと
結構良い視点のアドバイスをくれる友人

保護者的視点で共感して、親身に話を聞いてもらいたいときにちょっと甘えて相談してみましょう。自分でも気づかない側面を指摘してくれるかも。

## 5 後輩社員から慕われて
ランチによく誘ってもらっている上司

職場では慌しくて詳しく話を聞けない業務のコツを教えてもらったり、プライベートの悩みも人生の先輩として相談したり、良きお手本として参考に。

# 軌道数 3 のあなた

男性的な強さと爽やかさ
無邪気さがあなたの人生を輝かせる

```
Keyword

祝福
あるがままの自分
無邪気さ
元気
```

### いよいよ種が花開く段階
### 自分のセンサーを大切に

　軌道数3は、軌道数1で蒔かれた種から芽吹き、軌道数2ですくすくと成長し、花が咲く段階です。

　軌道数3は奇数なので男性性のエネルギーを持つ数ですが、とても明るくて華やかな、春の暖かく爽やかな太陽のようなエネルギーをあらわす数の力を持っています。「無邪気さ」がキーワードのため周囲にもその明るさをふりまき、みんなで楽しめるような環境が一番生き生きとするのです。

輝きとエネルギーに満ちあふれた生命感の躍動感から華やかなオーラを発します。その分、人生もエネルギッシュで、「祝福された人生」を難なく歩んでいるときこそが、最も人生の本質に近づいているときです。
　しかし、どの数にも必ずプラスとマイナスの方向性を持っています。軌道数３の生命力がマイナスの方向に向かうときには、躁鬱傾向が強まり、暗さと陰鬱さが目立つようになります。そうなるとまわりからは、気分屋、わがまま、感情的とみられてしまいます。華やかな分、感情的な浮き沈みが人よりも目立ちやすいのです。
　軌道数３のエネルギーは、キラキラした温かさでもあります。その明るさで周囲を照らすことで、素直に前を向いて歩いていけるのです。素直さや無邪気さがしなやかな強みとしても助けになることでしょう。照らして見えるまま、自分が信じる方向に進んでいく強さを大事にして。もちろん、知識や情報を集めたり具体的に行動することが重要でもあります。しかし、その集めた情報や人を選別するのは、誰よりも自分自身なのです。
　そのため、趣味として音楽や美術、料理など自分で何かをつくり出す時間を積極的に持つと気分転換にもなり、新しい視点を得るきっかけになるかも。プロの芸術家にならなくても、趣味として時間をつくるのが難しい場合でも、家事や仕事の作業に自分なりのアイディアを盛り込んで楽しむだけで、自分の思考も生活も幅を広げ活力を得るのです。

 ## パーティー大好きな陽気な性質
## 人と人をつなぐ力が魅力

　軌道数3の無邪気で陽気な人。その人がいるところについ目がいってしまうくらい明るいオーラを持ち、周囲に元気を分け与えてくれる太陽のような存在。裏表がなく屈託ないため、誰からも好かれるアイドル的存在です。軌道数3の人の周囲にはいつも笑い声が絶えないことでしょう。

　また、好奇心旺盛で、いつも流行や自分が楽しめる趣味の情報にも敏感です。

　人づき合いにおいても外交的な一面があり、何よりも楽しいことが大好きなタイプ。合コンやホームパーティーを主催したり、お見合いの橋渡しをしたり、人の輪を広げることに生きがいを感じられる方も多いでしょう。

　ただし、華やかであるがままの行動を取るため、自由人で恵まれた生き方をしているように人からはみられます。その分、妬まれることもあるかもしれませんが、自分が正しいと思う道を曲げることなく、しっかりと歩んでいくことが自分らしさにつながります。

　「祝福された人生」に罪悪感や遠慮を持つことで、自分がおおらかにやるべきことを行えずに萎縮してしまってはいけません。楽しいと感じることの中にこそ、自分を生かせる環境があるのが軌道数3の特徴ですが、ただ快楽を追い求めてしまうと破滅的に変わってしまいます。

## チームのムードメーカーとして重宝されそう
## クリエイティブな仕事に就くと能力発揮

　軌道数3の人はチームのムードメーカーとして愛される人。単純作業やマニュアル通りにするような仕事よりも、ある程度自分のアイディアを用いて行動できるような職場環境でさらに能力が発揮できます。

　人よりも目立つ分、良い評判も悪い評判もとかく噂になりがちです。人の悪口を言うのはもちろん、いくらあるがままの自分を大事にすべきといっても配慮の足りない言動をすると、とたんに周囲からも敬遠されてしまいます。「出る杭は打たれる」を忘れないように、時には気を引き締めていきましょう。

　軌道数3の人は芸術家肌のため、自分の気分の浮き沈みがそのまま仕事に出てしまいがちです。しかしある程度は大人としてその場にふさわしい態度を取ることが社会人としての役割では必要になってきます。その分、周囲の気の置けない友人や家族の前ではリラックスして自分の思いをぶつけてリフレッシュしてみて。そういう辛いときでも、鬱々としているよりも、思いっきりストレス発散してさらっと流して溜めないことが、良い流れを呼び込むコツになります。また、全く興味のないこと（楽しめる要素が見出せないこと）ばかりしないといけない環境では持っている力が発揮されず、萎縮してしまいます。若い時から自分の好きなことや楽しめるキャラクターに敏感でいることと、自分が仕事の中でどのような内容や役職、業種に関わりたいかを意識しておくと、就職する段階で慌てずに済むでしょう。

　適職としては芸能人、クリエーター、芸術家、ミュージシャン、作家、俳優など軌道数3の持つエンターテイナーの性質を生かした

仕事が向いています。または、企画開発、広告業界、シナリオライター、コピーライターなどクリエイティブな作業がある仕事でもよいでしょう。

## 二人よりもグループで楽しみたいタイプ
## 自分の感情をコントロールする力を持って

　軌道数3の人は華やかで天真爛漫、無邪気で明るいタイプが多いため、みんなのアイドル的存在となることも。男性でも爽やかで活発なスポーツマンタイプとしてみんなの中心で場を盛り上げていることでしょう。

　社交的な分、おつき合いも多くさまざまな出会いから自分の気が向くままのラブアフェアを楽しむこともあるかもしれません。

　しかし、素直であるがままの自分で快適に過ごすためには、きちんと信頼できるパートナーと本心を話し合える信頼関係を築くようにしていくことで、本当の安らぎを得ることができるのです。

　社交的で多くの人とにぎやかに過ごす時間を好むので、二人きりで過ごすよりも大勢の中で一緒に楽しめる人を見つけるとよいでしょう。趣味のサークルなどに参加して二人で楽しめる時間を共有すれば、よりつき合いを充実させることができるでしょう。

　しかし、大勢の中でみんなから注目されるあなただからこそ、相手に余計な誤解を生まないように配慮し、パートナー以外の人とのおつき合いには節度を保つことも必要です。

　おつき合いをする中で、気を許しすぎて感情そのままに気分をぶつけ、相手を困らせたりしないように要注意。気分のムラを理解してくれるパートナーであっても、勢いで言ってはいけないことまで

ぶつけてしまうと、あとでフォローが難しくなります。いつも太陽のように……と自分を取り繕うのも決してよいことではありませんが、自分の感情と上手につき合っていくことが、恋愛のキーポイントになります。

### 軌道数3の将来へのアドバイス
### 自分を楽しむことが力をつける近道
### 周囲への思いやりでさらにステップアップを

　軌道数3の人は華やかで、人の中心でみんなに元気と温かさを与えられる愛すべき存在の人です。自分の意思や直観を大切に育てることで、より創造的な人生となり楽しめることでしょう。「3」のエネルギーを持つ人は、自分が楽しめることが自分自身を輝かせ、力を生かせることでもあります。まずは自分の心に忠実に、思う方向を目指して進んでいきましょう。あるがままの自分の姿に自信を持ち、創造力を生かして周囲に情報発信していくことで、自分らしさを失わず快適な人生を送れることでしょう。

　しかし、「自分らしさ＝わがまま」とならないように、周囲に気遣うこともたまには大切です。天真爛漫なあなたを支えてくれる周囲の人がいるからこそ、あなたは輝けるのです。思いやりとユーモアを忘れずに、軽やかに人生を歩んでいきましょう。

# あなたのまわりの軌道数3な人

## 1 こだわりはあるけれど飽きたら続かない人

楽しいと思う間はのめりこむけど、飽きてしまうと次のお楽しみに方向転換。そんなペースに振り回されず、遠くから見守っている方がよいかもしれません。

## 2 オリジナリティあふれる思考の アーティスト気質な人

身の回りのアイディアマン。困ったときに、解決案を思いもよらない発想で提供してくれるかも。一度相談してみるとよいでしょう。

## 3 職場で上司からかまってもらえる部下

社交的で嫌味がなく、明るいため上司からも部下からも慕われる存在。職場での人間関係の潤滑油になってもらうとよいでしょう。

## 4 話題が豊富な雑学王

基本がエンターテイナーで好奇心旺盛なので、自分が興味を持った話題には事欠かない人。煮詰まったときにお茶してもらったりすると、ヒントとなる情報をもらえそう。

## 5 いつも飲み会に誘われて
## 　週末も多趣味で忙しく動き回っている人

この人のまわりにはいつも多くの人がいる……そんな人ですね。ついでに自分も誘ってもらい、パーティーやイベントに一緒に参加して交流を広げましょう。

# 軌道数 **4** のあなた

日常性にこそ幸せと活力を見出す
安定性があなたのエネルギー

---

**Keyword**

平常心
くつろぎ
堅実さ
冷静
安定

---

### 軌道数 **4** の全体像
**物事に一区切りがつく段階
これまでの努力が実を結ぶ**

　軌道数4は、軌道数1から軌道数3までの能動的な流れに一区切りつけて、土台を固め、ちょっと落ち着いて一段落するようなエネルギーを持っています。

　軌道数4のエネルギーは普通の物事の中に宿っています。日常の決まった活動、例えば掃除や料理、洗濯などの毎日のお仕事。そういうありきたりなことをしっかりと行うことで日々の生活と精神を安定させ、しっかりと大地に根づくことができるのです。

軌道数1の種からすくすく育ち軌道数3で花が咲いた後、大地にしっかり根づく大木になったり、花なら次の世代の種を地に蒔いて、その土地で種が反映するようになるのです。

　軌道数4は偶数なので女性性のエネルギーを持ちますが、タロットカードでは「皇帝」のカードが4の数字を割り振られています。女性性で男性のカードというと不思議に思うかもしれませんが、この場合、どちらかというと、温かさと柔らかさを合わせ持った父性（性を感じさせる男性性とは異なるニュアンス）を思い起こせばイメージしやすいのではないでしょうか。皇帝も一国の主として安定した国を統治しています。そのように、自分が地道にたんたんと築いた成果が形となるタイミングなのです。このためこれまでの流れで自分がコツコツと努力したり、「こんなのつまらないな」と思いつつ、黙々と積み重ねてきた作業の結果を手にするエネルギーなのです。

　また、きちんと行動や物質として形として存在しているものをあらわすエネルギーでもあります。軌道数1で自分でもやっと築くようなひらめきの種が生まれ、軌道数2で具体的に自分の中でも意識されはじめます。軌道数3でその過程の喜怒哀楽を楽しみ、学び、夢を形にして、軌道数4でそのまとめと成果を収穫するのです。

　形あるものに重きを置くタイプなので、目に見えない物事に関しては、興味はあっても、実際はあまりぴんとこないと感じます。そのため、何かするときも、データを取ってきちんと計画を立てて行うため、「何となく」や「カンで」といってあまり考えずに行動する人にはあまり共感できないかもしれません。

## 軌道数4の人の性格

### 実直な安定志向タイプ
### 頑固者と思われないよう柔軟に

　軌道数4の人は、安定志向タイプ。地道な性格で、まじめで普通のことや常識的なことの中にくつろぎを見つけられます。日常の中での安らぎや当たり前に生活できることの幸せ、感謝の気持ちなどを見出すことができる人なのです。

　しかし、安定を金銭や地位、名誉など物質で保証されることに執着するようになると、とたんに「本当にこの生活を維持できるか？」とやっきになったり、過剰な不安感を抱えてしまいます。人間関係でも「この人との関係が変わらずに続くように」と変化を恐れることもあるかもしれません。軌道数4のエネルギーが窮屈さ、不安感、頑固さ、執着心として感じるときは注意が必要です。

　実直、まじめ、正確さを好む、とっぴな冒険は苦手などの言葉が軌道数4の人の性格をあらわしています。

　軌道数4の人はきちんと仕事をこなすしっかり者にみられるでしょう。物事のあいまいさよりも、理路整然としていることを好みます。整理整頓も苦にならず、こぎれいなタイプが多いのです。

　地味で単調な仕事も、コツコツと積み重ねて成果を上げることもできます。経理事務など、勤勉さと正確性を求められる仕事で実力を発揮できます。

　ただし、あまりにもまじめな性格が行き過ぎると頑固者と思われてしまいます。また、融通が利かない思考や小心さで変化できず状況に固執してしまい、取り残されたりすることもありますので注意が必要です。

## 軌道数4の仕事 ルーチンワークが苦にならず結果を出せる プロジェクトのペースメーカーに最適

　仕事においては、軌道数4の人の持つ正確さやまじめさ、同じペースでしっかりと活動できる側面を生かすとよいでしょう。毎日のルーチンワークだからといって油断せずいつもの平常心で仕事をこなせるときは、かえって落ち着いて思考も発揮でき、新たなアイディアがひらめいたりと、一番すっきりとした感覚でいられます。

　責任ある業務に関してもおごることなく地道にこなしますので、出世して上司となっても部下から信頼され、組織内でも一目置かれる存在になることでしょう。

　また、長期間かかる大きなプロジェクトに関わっても、長い目で見た確実なプランを考慮できますので、ペースメーカーとしての役割にも向いています。

　何よりも堅実さが軌道数4の人の強みです。業務も無理なく、ソツなくこなすことができ、指示通り忠実に結果を出す方向に考えてもらえることのできる貴重な人材として評価されるでしょう。

　ただし、その正確さやきまじめさを周囲の人にも求めると、能力の違いや性質の違いからかえって反発を受けてしまいがちです。周囲の人の個性を観察し、「人は人、自分は自分」とやり方も異なることも冷静に判断する必要はあります。あまり出世や給与、他人からの評価に執着すると本来の自分の進むべき道を狭めてしまいますし、かえって不安をつくり出し、動けなくなってしまいますので注意が必要です。

　軌道数4の人は、ルポライター、事務職、金融関係、公務員、法律関係の職務、翻訳者、職人、農業などが適しています。正確さや堅実さが求められる業種で力を発揮します。

## 軌道数4の恋愛

**将来を考えた恋愛をする堅実派**
**「あるべき論」に振り回されないで**

　軌道数4の人は、律儀でまじめ、実直な対応、ていねいな物腰で安心感を与えられるパートナーとなることでしょう。遊びの恋愛を楽しむというよりも、無理なく結婚まで考えるような落ち着いた、堅実な関係が一番しっくりします。

　そのため、相手の方にもきちんとした考えを持って、共にまじめに向き合える人がよいでしょう。友達の紹介やお見合いでも好感度が高いタイプの人ともいえます。

　結婚後もきちんと将来を見据え、堅実な貯蓄や生活設計のプランを立て、地味ながらも落ち着いた家庭を築いていきます。

　ただし、あまりに「家庭とはこうあるべき」と固執してパートナーや家族が望まない道を強要したり、「結婚したら必ずいつか家を持たないと」とか「子どもは必ず将来はこうすべき」という考えに振り回されると、自分が本来取るべき選択肢を狭め、思い通りにならない苛立ちや閉塞感を引き起こす原因になります。

　パートナーの予定がちょっと不明だったりすると、浮気してるのではないかとすぐ心配になったりするので、お互いにきちんと話し合い信頼関係を日頃から築いておかないと、急に束縛するようになるかもしれません。

　互いに尊重していく姿勢と、人も成長し変化していくということを忘れず、対等なパートナーシップを築くことで本来の安定がやってくることを意識しましょう。

## 軌道数4の将来へのアドバイス

### 自分が無理なく行えることを見つければ さらに人生は輝くはず

　軌道数4の人は、まじめで冷静な判断が下せるため、あまり突拍子もないことに巻き込まれることはないタイプかもしれません。当たり前の毎日の中に喜びを見出すことで、毎日が幸せと感じ、さまざまなギフトを受け取れます。その平常心を活用することでさらに道が開けます。

　毎日続けることで、ちょっとずつ成長する喜びを感じ取れるような趣味を持ってエンジョイしてもよいでしょう。

　将来を見据え着実な計画性を持つことも可能なので、大器晩成の場合もありますが、その過程を幸せと思える道ならば間違いないでしょう。

　軌道数4の人は変動や変化がなく、着実な日々の方が落ち着くかもしれません。しかし、あまりに遊びがない生活や思考パターンですと、古いパターンにはまってしまって、必要な進歩や経験を得ることができなくなる可能性もあります。大きなギャンブルのような変化を起こすことはかえって逆効果ですが、時々はいつのもの自分と違う思考や行いを意識することで、視野を広げ、周囲の人への理解もより深まります。

　「コツコツ行うこと＝代わり映えしないつまらなさ」ではなく、楽しみであると思えることを続けましょう。自分が楽に感じられ、くつろげる経験を続けることで自分の力を無理なく発揮できます。

## あなたのまわりの 軌道数 4 な人

### 1 完璧な書類をつくり上げる同僚

コツコツときっちりした作業が得意な同僚がいると、安心して仕事を任せられますよね。その分、ついつい頼り過ぎないように、自分でも参考にして真似してみましょう。

### 2 頑固職人

とっつきにくい人と感じるかもしれませんが、誠実に会話する機会を持ち、信頼を積み重ねることで徐々に意思が通じ合います。

### 3 たんたんと業績を上げて気づくと出世してる上司

着実に、期日通り仕事をこなすことで業績を積む分、神経質になりがちな側面も。いいかげんさやだらしなさを少しでも感じると信頼してもらえないため、身だしなみや言葉遣いなどからきちんとした対応をすることが大事。

## 4 マイホームパパ

父としての自覚が強い人なので家族も大事にします。しかし子どもからは頑固親父と思われていたりして？ 自分の行動予定や考えていることもコミュニケーションをとって安心させてあげましょう。

## 5 専業主婦のお母さん

仕事を持っていなくても、掃除に洗濯、料理と自分の役割と思うことはきっちりこなしてしまうスーパー主婦。たまには代わってあげて、頑張りを労わってあげましょう。

# 軌道数 5 のあなた

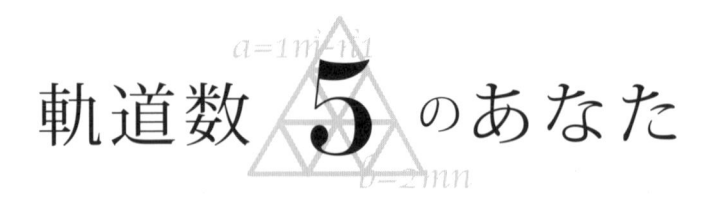

変化すると同時に現在の立ち位置を読む
目には見えない流れがあなたを成長させる

---

**Keyword**

自在性

全体性

今を生きること

変化

---

### 軌道数5の全体像

**すべてのコアとなる数**
**物事に柔軟に対応できるエネルギー**

「5」は一桁の数の中心に位置する数です。すべてを見渡すことができる位置にあり、すべての要素のコアにあるともいえます。

風水などでは、変化をあらわす数を用いることを嫌います。風水の歴史は安泰な国の統治のために使用されていたため、変化よりも安定や反映を重視する性質があるからでしょう。そのため「5は良くない」と感じる人もいるようですが、決して数の持つエネルギーに良い悪いはないのです。

軌道数5のエネルギーは流動的で柔軟な「動」の一面を持っています。奇数の男性性の要素もよく反映されている数ともいえます。

　キーワードの「全体性」というのは、一つのことに固執したり縛られたりせずに広い視野を持って物事の本質を大きくとらえていくような性質です。

　また、「自在性」とは柔軟に物事に対応し、変化をもたらすエネルギーです。変化は成長の糧でもありますから、変化による成長でさらに大きく変化し、変容していく力強い流れを持つともいえます。

　ところで、なぜ、そのように「変化＝動き」にフォーカスされる数なのに、「今を生きること」というピンポイントの性質を持つキーワードがあるのでしょうか？　それは、大きな変化や動きがある流れの中にあるときこそ、自分が「今、ここ」にある姿をしっかりと認識してとどまっていないと、自分の意思と関係なく、受動的にただその流れの方向に流されていくことになるからです。漂流してしまうことなく、自分の足でその流れの中でも方向性を持って進んでいかないと、自分を見失い、かえって視野を奪われてしまうのです。

　自分自身が全体的に大きく変わっていく中でも、本来の自分の芯を感じつつ、まわりの騒々しさとは一線を画した内面の静けさを感じるときこそが、自在性と全体性が活性化されて自由となれるのです。

　軌道数5は、このようにほかの数よりも抽象的で瞑想的といえる、いわば神秘の数ともいえます。その分、形あるものよりも目に見えない空気の流れを感じていく生き方といえます。

## 軌道数 5 の人の性格
### 環境を変えるのが好きな旅行人
### 男性性も強く官能的で魅力的

　軌道数5の人は変化を好み、旅好きで、旅先で充足感や開放感を堪能できるタイプの人が多いでしょう。環境が変わることも好きなため、気づくと転職が多かったり、出張の多い仕事もかえってストレスとならずに楽しめる人ともいえます。

　性格としては、官能的で魅力的なタイプ。男性性の強い、「男らしい」人が多いのではないでしょうか。

　自由を好み束縛を嫌うため、いつも決まった人とばかり関わる生活パターンよりも、幅広い年代や環境にいる人々とも交流を楽しめる思考を持っています。

　物事にこだわりがなく、考え方も日々変化していくので、つかみどころがない人にみられたり、変わった人と思われがち。かといって他人に興味がないわけではなく、自分の気のおもむくままに行動しているだけなのです。

　変化に強い分、全く代わり映えのしない毎日では生きている実感がしないような気になって、つい冒険してしまうことも。冒険も楽しめるのが軌道数5の人ですが、ほどほどにしないと、普通の生活を積み重ねることが億劫になる場合もあります。

　しかし、軌道数5の力である変化することを恐れすぎたり、不安になったり、過去にしがみついたり、過度に禁欲的になったりするとうまくエネルギーを使えません。自分に落ち着きがないように感じるときは要注意です。

**軌道数5の仕事**

## 左脳的なセンスを生かすことが大事
## オブザーバーとしても大活躍

　軌道数5の人は、右脳的な直観力や創造性が豊かで好奇心も旺盛です。また、「全体性」がテーマであるため、左脳的なセンスも生かしていくことができます。感覚の部分と理性や思考、知識をうまく融合できる性質を生かしたスタイルで働くとよいでしょう。

　だからといって、器用貧乏になってしまうとかえって多くを生み出せません。その多面的な物事の見方と、経験や関わり合い方を一つのテーマ（業務分野）に反映させて生かしていくことが必要です。一つのことに焦点をあててその多面的な思考を生かして集中することで結果を出していけるのです。

　広い視野を生かしてその場をうまくまとめるオブザーバーとしての役目を担う人材となるでしょう。その場その場でまとめていく役目も、「今、ここ」を意識して形にしていく軌道数5のエネルギーの側面でもあるのです。

　また、全体性で物事をとらえていきますので、物事を深く理解するときも、ある物事の一部からピンポイントで掘り下げるような理解の仕方ではなく、その物事をまず大きくとらえて、全体像を把握しようとします。そのため、趣味や仕事などをこなす際にマニアックなことにこだわって、決まった方向性から専門的になり知識を深めていくことはせず、まず道具を全部そろえるなどの形から入り、幅広く情報を集めて全体像をつかんでから徐々に深めていくようになります。

　幅広く興味を持ち好奇心旺盛だからといっても、すべてが浅く広くでは何もなし得ず時間だけが過ぎてしまいます。「これだ！」というものに出合ったら、あくまでもそれに関する広い勉強をするこ

とはよいと思いますが、あまり違うものに脱線しないようにした方がよいでしょう。

軌道数5の人は添乗員や旅行会社勤務など、旅に関わる職種が向いています。ほかにも海外文化を伝えるような仕事、語学関係の仕事、カメラマンなども適職です。

### 軌道数5の恋愛
**アクティブに動くカリスマ的存在**
**興味が散漫になってきたら自分を見つめて**

軌道数5の人は、快活で好奇心旺盛の生命力あふれるタイプ。その分、生命を感じさせる官能的な側面もあり、男女共に目を引く存在の人が多い性質を持っています。つかみどころがない不思議な魅力があり、ついつい引き込まれてしまいます。いつも自分の興味あることに自然と流れていき、そんなときは特に輝いてみえるでしょう。

好奇心旺盛な分、話題の引き出しも多く持っていて、一緒にいると飽きないかもしれません。しかし人に話を合わせて自分の意見を曲げたり我慢したりすることは苦手なので、考え方が全く合わないと一度感じてしまうと、なかなか噛み合わない相手になってしまうかもしれません。また、興味が散漫になりやすいときもあり、落ち着きがない人とみられてしまうかも。そんなときは初心に返り、人に答えを求めるのではなく、まずは自分の中を見つめ、本来の自分を取り戻しましょう。

おつき合いするなら、旅を共通の趣味としてアクティブに行動すると、お互いに新しい世界が生まれて良い刺激になります。

また、変化を好む性質を理解して、マイペースに自分の世界観を

広げていく軌道数5の人を温かく見守ってくれる人に、安らぎを覚ます。

**軌道数5の将来へのアドバイス**

**好奇心があなたを成長させる糧**
**本物に多く触れるようにして**

　軌道数5の人は、さまざまなことに好奇心を持ち、アクティブで生命力あふれています。大きな可能性が秘められているといってよいでしょう。その好奇心を糧に見聞を広めることで、創造性や直観をより育てるマインドトラベルを楽しめることでしょう。物理的な旅としては、留学や旅を通じて世界を知ることで内面にもエネルギーを蓄え、広い視野を獲得することができます。

　自分の内面を信じ、自分を見失わないように、広い世界に飛び出して生き生きと活躍するとよいでしょう。創造力を養うためには美術品や美しいもの、本物を見る機会を多く持つことが大切。さらに感性と確かな目が養われます。また、興味のある分野は積極的に学び、器用貧乏にならないようにある程度は飽きずにしっかりと知識を身につけ、実績を残すことを意識した方がよいでしょう。

　自由自在に自分を生かすことを考え、人生を思い切り歩むことで、本来のエネルギーが発揮されます。周囲に惑わされず、散漫になって自分を見失わず、自分の内面とのつながりを意識して大きく羽ばたいてください。

　自発的な変化の波に乗っているうちは問題ないのですが、いつのまにか周囲の濁流に流されて気づかずにいると、ただ流されていく人生となってしまいます。意識的に波に乗るように注意深くいることも時には大切です。

## あなたのまわりの軌道数5な人

### *1* 転職をするたびにキャリアを積んでいる
### エネルギッシュでパワフルな上司

変化を武器にして結果も残している人です。結果を長く待てないので、言われた指示は早め早めにこなし、スピード感を持って対応するとよいでしょう。

### *2* お金が溜まるとすぐに旅行に出る友人

旅のために働いているといっても過言ではない人。自由人的な生き方はうらやましいですが、真似はできないかも。行った人しかわからないお土産話を聞いて楽しませてもらいましょう。

## *3* 多趣味で好きなことはプロ級の人

豊かな感性で趣味人なので、興味があることには積極的ですが、興味ないものは全く苦手。得意なことをお願いして分担してもらうようにするとさらに力を発揮します。

## *4* 目標が決まったとたんに集中する人

普段はつかみどころがないから、不思議です。やる気があるうちに取り組んでもらうようにお願いし、次の興味の対象に移る前に、しっかりこなしてもらいましょう。

## *5* 会議などで話をまとめるのが上手な人

協調性があるというよりも、いろいろな人の意見を一通り聞いてから問題の全体をつかむのが得意な人です。その広い視野を生かせるように話をまとめてもらいましょう。

# 軌道数 6 のあなた

男性性と女性性の融合
「愛と美」こそがあなたの真実

>
> **Keyword**
>
> 無条件の愛
> 美
> 心からの真実
> 出会いと別れ
> 奉仕
>

### 軌道数6の全体像　平和が軌道数6のエネルギー 愛と美の象徴でもある

　軌道数6は愛と美の象徴の数です。タロットカードの大アルカナでも6は「恋人」です。恋愛は心で感じ心で共鳴するものです。「好き」か「嫌い」かというのは最も自分にウソがつけないものの一つです。そのためこの数のテーマに、愛という側面だけでなく「心からの真実」というキーワードも含まれるのです。

　また、愛が生まれればいつか別れも来ます。人は出会いと別れを通じて、愛情と人生の温かさも厳しさも学ぶのです。別れが来るこ

とを恐れて愛を育むことにためらいをもったりせず、そのときそのときの自分に必要な「愛」に出合うことが大切なのです。
　軌道数6のエネルギーは平和のエネルギーでもあります。「6」は3の倍数でもあり2の倍数でもあります。軌道数3の創造性、楽しみ、喜びが二つ連なり6になると考えると、「6」とは「3＝陰、男性性」と「2＝陽、女性性」の統合、つまり陰と陽の統合のシンボルナンバーともいえます。
　軌道数6のエネルギーは女性性の柔らかさを持ちますが、軌道数2の女性性や他者への母性という側面よりも、より真理的な自分自身を愛する性質に近いといえます。その真実は自分のハートに正直になることで感じ取れるものであり、本物を知る洞察力になります。
　「美」というものは強力なエネルギーを持ちます。そして本物の美は人間に共通する感動を与えます。その普遍性が軌道数6のエネルギーに共通する真実のあらわれだといえます。
　軌道数6のエネルギーがポジティブに働くと、期待、高潔さ、正義、道徳という愛の一面が発揮されます。反対にネガティブに働くと、罪悪感、無責任、不道徳という自分をいじめるようなエネルギーになってしまいます。
　正義や道徳をつらぬくことは、大切なことで必要なことでもあります。しかし、過度になって「自分で何とかしないと」と、責任感を強くするあまり自分自身を深く追い詰めてしまわないように注意が必要です。

## 軌道数6の人の性格  自然や動物も愛する 奉仕の心にあふれる愛の人

　軌道数6の人は面倒見がよく、愛情深い人です。人から頼まれた場合も、多少無理なことでも、なるべくこなしてあげたいと思い、断り下手になってしまうこともあるでしょう。できないことを無理に引き受ける方がお互いにとってよくない事態を生み出しますので注意が必要です。

　動物や自然を愛する人が多く見受けられます。

　また、人のためになりたいという意識が強いため、周囲の人に対しても奉仕的です。まずは相手のことを考えて行動したいと思うあまり、自己犠牲の要素が強くなることで窮屈になり、かえって見返りを期待したくなったりすると、軌道数6のネガティブな側面が出てしまいます。自分を犠牲にすることが奉仕ではなく、自分の領域をきちんと守った上で行動しましょう。「まずは、自分から」ということは軌道数6の人にとって大切なことです。

## 軌道数6の仕事  誰かを助ける仕事が適職 人も地球も助けてあげて

　「奉仕」がテーマの軌道数6の人は、周囲の人の助けになるようにとまわりに気遣える人です。周囲の役に立ちたいという意識が強いので、強く責任感を持って仕事に関わり、どの職種においても信頼できる人材として評価されるでしょう。人との和を大切にするため、チームワークでも円滑に仕事を進めることが得意です。チームでは後輩の面倒をみたり、他人の分もフォローアップしたりと、み

んなから頼りにされる存在となることでしょう。

　その分、いろいろな仕事を任されることになり、すべてに「ハイ」と言っていると、オーバーワークとなってしまい、かえって仕事に穴を開けてしまったり、自分が精神的にも肉体的にもダウンしてしまうことも考えられます。

　できることとできないことをはっきりさせて、その範囲で行動することも責任であり、働く上で必要であることを忘れずに。自分もきちんとケアしてあげるようにしましょう。

　競争で人を蹴落としたりするような場面では、いまいちパワー不足なので、自分でマイペースに積み上げていけるような職場の方が落ち着いて仕事に取り組めるでしょう。

　自分のハートにウソがつけない性格を持っていますから、自分が本来したい方向性とあまりにかけ離れた仕事を続けることは、多大なストレスとして感じ取りやすいのです。きちんと自分で納得して仕事に取り組める分野を選択した方が、集中して取り組めるでしょう。

　軌道数6の人は、福祉、介護、医療分野、環境保護問題に取り組む職種などが向いているといえます。奉仕関係の仕事に就いた場合は、仕事とボランティアの境界があいまいになり、かえって仕事としては成立しない関わり方になってしまうこともあります。仕事であればきちんとクールに仕事としての結果を出すように考えて取り組む必要があります。また、美に関するセンスを兼ね備えているので、装飾品関連の仕事（例えば、宝石商やアクセサリーデザイナーなど）やモデル、バイヤーなどでも力を発揮できます。

　軌道数6の人は何の業種を選ぶかが重要なのではなく、自分が本来やりたいことを忠実に選択することが最も大切なのです。

## 軌道数6の恋愛

### 相手に尽くすことが何よりの喜び
### ただし見返りを期待しすぎないように

　軌道数6の人は、女性でも男性でも、愛情と思いやりが深く優しさを持っているため、誰からも好印象の穏やかな人です。人の話によく耳を傾け、責任感が強いことから他言もしないため、相談相手として信頼されることも多いでしょう。

　恋愛も学びのテーマのため、いつも恋愛関係の話題には事欠かないかもしれません。いろいろな形の出会いと別れを学ぶために、ほかの人よりもさまざまな愛を体験しているのです。ただし、遊びで軽くつき合って別れるプレイボーイ・プレイガールという意味ではありません。自分の好みのタイプに固執することなく、さまざまなタイプや境遇の人との出会いがあり、その中で自然に関係性が発展するのです。

　恋愛面においてもおつき合いが始まればパートナーシップを大事にします。信頼し合えることを重視するため、浮気やよくわからない行動を取ることは嫌います。なるべく相手の好みやスケジュールを把握して合わせようとするサービス精神もバッチリです。

　しかし本来は、「自分がそうしたいから、相手のためになるように」と思って行っていたことが、だんだん「自分ばかりやってあげてる」と感じるようになると「相手の方があまり愛してくれない」とか「こんなに自分は尽くしているのに何もしてくれない」と、知らず知らずに見返りを期待してしまうこともあるのでは。

　「愛」というものは見返りを期待して行動するものではありません。「まずは自分」を常に意識して、きちんとできることとできないことを把握して接するようにすることが、関係を楽しみながら長く保つ秘訣です。

## 軌道数 6 の将来へのアドバイス

### 日常の生活で気負わず無理をしないことが前提 その上でボランティア精神を生かして

　軌道数6の人は、豊かな愛情と優しさを生かして、周囲の人に温かさを与える存在。その優しさを自分のためにも使ってあげることで、バランスの良い人生となることでしょう。ほかへの愛情のために、自分を愛することをおろそかにしてはいけません。まずは自分のためを心がけ、無理ない愛情をほかの人に分けてあげましょう。

　おおらかさを生かして、自分が納得できるように進んでいくことが一番です。自分が言ってることがたとえ100%正しいと思えることだったとしても、他人に押しつけるようなやり方をしてはかえって逆効果です。逆に、人に気を遣いすぎて自分が言いたいことを我慢しすぎても、それは人のためになりません。

　金銭面ではなく、自分の本当にやりたいことを職業にできれば、人生の充実感が高まるでしょう。その上でボランティア活動や趣味を通じて社会貢献に関わってみては。もちろん直接的な社会奉仕でなくても、自分の日々の生活や、純粋に楽しめる趣味を通じて周囲の人々に安らぎを与える存在となることでも十分に愛と奉仕をしていることになりますから、気負わずに自分らしく生きることが最も大切なことです。

## あなたのまわりの 軌道数 6 な人

### *1* 誰に紹介しても好かれる友人

初対面の人が集まる会合にも安心して連れて行ける人。みんなに気配りできて、場を和ませてくれるので、困ったときについ声をかけてしまう頼れる存在です。

### *2* 仕事で疑問があるとまっさきに質問をしにいく職場の先輩

とても優しくて話しやすく親身に対応してくれる先輩。あまりに頼りすぎるのは社会人としてNG。なるべく自分で頑張ってから、質問するようにしましょう。

## 3 ボランティア活動を積極的に行っている人

人のためになりたいということがライフワークの人。もし、自分が興味のある分野で活動している人ならば、一緒に誘ってもらって参加してみるとよい経験になります。

## 4 夫に尽くして半歩下がってついていくタイプの奥さん

いつも家族のことを心配して、自分のことは後回しのような毎日を送っているはず。たまには、自分の時間を持ってもらえるようにお出かけの誘いをしてみたら？

## 5 決して派手ではないのに常に恋人がいる友人

癒し系で特にがっついていないのに恋多き人っていませんか？ 人を惹きつけるその立ち振る舞いやしぐさ、会話の秘密を探ってみると参考になるかも。

# 軌道数 7 のあなた

物質的ではなく精神的な安定性を求め
深く内省することがあなたの源

> Keyword
>
> 瞑想
> 英知
> 自分の世界
> 探求
> 教師

## 軌道数 7 の全体像
### 自分の内なるミクロコスモス
### 自己再発見こそ本物の収穫

　軌道数7は、「主要なチャクラは7個」や「虹の7色」と言うように、自然界にも存在する数で神秘的なものを象徴します。内なる広大な世界につながる扉であり、瞑想などでその扉を開くことによって、自分を含めた宇宙の真実とつながる鍵になるのです。科学の世界では人間の体を「ミクロコスモス（小宇宙）」と例えます。人間の体内には自分からははるか遠くに感じる壮大な宇宙が、しっかりと反映され息づいているのです。

軌道数7のエネルギーは軌道数6から一転して、内省のエネルギーです。軌道数4も内省の方向のエネルギーですが、「内なる安定」が軌道数4のキーワードだとすると、軌道数7はより精神性の部分をあらわし「安定」という「物理的な側面も含む要素」ではなく、「精神の静けさ、人の持つ壮大な英知へとつながる心の広大な側面」というイメージです。自分をより深く知ることが、外界で起こることへの理解をより深めるということをあらわしています。軌道数7のエネルギーは、心理を探求する研究者や教育者のようなイメージです。

　内面の静けさや精神の充実があれば、外界がどれだけ騒がしくてもいつも静かで平穏な中で生きていくことができるのです。軌道数7とはそれが本当の安定であることを学ぶ数なのです。その安定を感じる心の場所は人それぞれ違います。

　本当に深い真実というものは、いくら外界に答えを求めて経験を広げたり、学問を通じて理論に通じても到達しないのです。すべての答えは、自分の内にしかないということを教えてくれる数といえます。それに気づくことで独りでいるくつろぎが得られ、外界に左右されることのない、確固たる自由を獲得することになるのです。研究や学問、仕事や人間関係を極める過程での気づきや、自分の再発見で得たものこそが、本物の収穫なのです。

　軌道数7のエネルギーがポジティブに働くと、独りの自由さに気づき、より開放される気持ちになれます。探究心が芽生えてくるのです。反対にネガティブになってしまうと、物事を独善的にジャッジしてしまい批判的になったり、インテリっぽくなってしまったり、自分のマインド（理屈）にしがみつくようになってしまいます。

## 軌道数7の人の性格
### 一見すると話しかけにくいタイプ
### 高潔で深い洞察力を持つ知性派

　軌道数7の人は、人づき合いが悪く内向的にみえますが、そうではありません。一人でいることを自然と受け止めて心地良くいられるので、常に人に合わせて一緒にいたいという欲求が薄いだけです。いつも物思いにふけっているようにみられ、他人のやることや流行に乗ることには興味が薄いといえます。

　少し理屈っぽくて、気になることはとことん知りたい凝り性タイプ。例えば、趣味が料理だった場合、その料理の起源から食品の産地、使用するスパイスや調味料までこだわるやり方を楽しく感じます。

　そのため、ちょっと浮世離れしてつかみどころがない人とかとっつきにくい人と言われてしまうことが多いかもしれません。

　しかし偏見を持たずに話してみると、物静かではあっても深い洞察力と豊富な知識を持つ、探究心豊かな知性派の人であることが相手にもわかるはずです。とても高潔な印象を与える人が多いことでしょう。

## 軌道数7の仕事
### 目の前の数字を追いかけるのではなく
### 本質を追究する仕事が適職

　英知の大切さを本能的に知っているのが軌道数7の人です。研究職や職人、技術職のように一つの専門性を極めることが必要な職種で力を発揮しやすいでしょう。

　どちらかというと、他人と競争したり、市場での商品価値を把握したりする概念はあまりピンとこない性格なので、競争や売り上げ

を意識しないといけないような販売接客業務、直接的な営業などにはあまり興味がわきません。同じ営業に関わるにしても、その結果のマーケティングの分析や、経済アナリストのように市場の動向を研究したりする部門の方がしっくりきます。

　また、人を指導するような業務でも、マニュアルとして教えるのではなく、きちんと本質を追求したり、指導することが良い学びになるため良い仕事ができます。

　真理を追究することに喜びを感じるので、自分と異なるタイプの人や考えに対して批判的になったり、不謹慎な態度でそっぽを向いたりして反発することがあるかもしれませんが、これは自分にとって何の解決にもなりません。そういう反発心を感じるときこそ冷静なりましょう。静かな心を保つように、自分の心の内に触れて、何がそこまで反発的に反応しているかを静かに客観的に見つめてみることです。

　軌道数7の人は、研究者、IT関連や科学分野の専門職、技術研究者など、専門性に特化して深めていく仕事に向いているといえます。また、深めた知識を後輩に伝えることも役割にあるため、教育者としても力を発揮します。一つの事柄を極め、より事実をつきつめていくような仕事内容のものが向いています。教育者は教育する過程を通じて、学ぶ姿勢から生きる姿勢を生徒に伝えることが本来の目的といえるので、軌道数7の人の適職なのです。

## 軌道数7の恋愛

### 恋愛でも常にはっきりが信条
### 相手のことを考える余裕を持って

軌道数7の人はどこか物静かでアンニュイ、でも引き込まれるような魅力を感じさせる人です。

内面にエネルギーのベクトルが向いているため社交性がないように感じている人もいますが、そうではありません。外界との距離感が独特なだけで、特に人に興味がないわけではないのです。その距離感がかえってミステリアスでクールな魅力にみえるタイプです。

優等生にみえてとっつきにくく、アプローチしにくそうに感じられるかもしれませんが、決して暗い人というわけではありません。急に心を開くタイプではないので、まずは共通の話題を探して、じっくり話し合う時間を取りましょう。ゆっくりと距離を縮めていくと、ぱっと見ただけではわからない一面が出てきて新鮮な驚きがあるかも。徐々にでもお互いのことをきちんと分かり合えるようなおつき合いをしていくことで、理解し合える人間関係を築くことができます。

共通の趣味を持つ場合は、二人で長く深めていくようなものがよいでしょう。二人で共に成長できるような時間を意識して持つことでいつまでも新鮮な会話を楽しむことができるでしょう。

パートナーとなっても、始終べったり一緒にいて、何でも二人でやらないと気がすまないというつき合い方は苦手です。独りの時間も大切にするような距離感がないとよいおつき合いが難しいタイプなのです。

二人共通の趣味があれば、一緒に豊かで楽しい時間を過ごすことができるでしょう。

## 軌道数7の将来へのアドバイス

### 真理を探究することが人生の目標
### 肩書きや社会的地位に惑わされないで

　軌道数7の人は、物事の本質を知りたいという、生まれついての探究心が強い人。興味を持てる分野なら、仕事でも趣味でもドンドンつき進み、知識を深めていけば人生をより楽しむことができるでしょう。学術的な分野や専門性の高い職人のような仕事で頭角を発揮するタイプなので、何かを極めていくことで才能が開花します。

　しかし、その成果を役職や肩書きに求めるようになると本末転倒です。そういう外側のことには真理はありません。肩書きを得るために学びの道を欲するのではなく、真理を知るための学びへの欲求を持って生まれていることを思い出してください。

　軌道数7の人は、外界の変化や周囲の人々への関心がそれほど高くないことから、行動や外見も流行を追うことがなく個性的と言われることも多いかもしれません。TPOに反しない程度ならそれも個性の一つです。

　一人旅でのんびりと時間を過ごし、自分を見つめなおす時間を持つことで良い気分転換と自己発見になるかもしれません。

軌道数7のあなた

## あなたのまわりの 軌道数 **7** な人

### *1* 教室でいつも一人読書しているクラスメート

人との距離感がちょっと離れるくらいが心地良い人なのです。遠慮せず話しかけてみると意外と独特な雰囲気を持った人で新鮮かも。

### *2* レポートでは講義で習っていないことまで調べあげるゼミ仲間

探究心が旺盛で、知りたいことには夢中になって取り組むので、むしろ勉強も趣味かもしれません。テスト前に困ったら、頼んでみるとていねいに教えてくれるかも。

### *3* 服装や風紀チェックに厳しい先生

細かいことまでいちいちチェックするのは教師としての義務と思っているからこそ。このような先生なので、チェックの目をごまかすのはなかなか難しいかも……。

## 4 哲学やサブカルに詳しいちょっとオタクな雰囲気の人

かなりつきつめて趣味の領域にまい進しているちょっと変わった雰囲気の人。自分に興味がある分野の場合なら、話すと物知りなので楽しめます。

## 5 書類作成など手順に細かい上司

自分の中に一番効率がよいと決めているセオリーが確立され、きちっとしている上司。その仕事ぶりのノウハウをみっちり仕込んでもらえるように師事すると良い勉強になります。

# 軌道数 **8** のあなた

あなたをつくる外側と内側のパワーバランス
コントロールではなく受け入れることが大切

> Keyword
>
> 金銭
> 権力
> 組織化
> 力強さ
> バランス

## 軌道数8の全体像

### 「力」は大きければOKではない
### 無理にコントロールはしないこと

　軌道数8は、「力」というものを多面的にあらわす数です。力といっても、お金や社会的な地位だけではありません。家族や友人との関係性、自分の中でのさまざまな要素の配分やバランス関係でもあります。例えば、働いている環境で上司や部下とのやり取りを垣間見たり、知人や友人の人生の浮き沈みを見聞きしたり、もちろん自分でもいろいろな日々の出来事で体験する物事から、力を持つということはどういうことなのかを学んでいく人生になるのです。

そういう外側の力の学びもありますが、自分自身の中でのパワーのバランスという問題も大きなテーマとなります。例えば、自分のマインドと魂のバランス、右脳と左脳のバランス、エゴと慈悲のバランス、女性性と男性性のバランス、やりたいこととやるべきこととのバランスなど、ざっと挙げただけでもこれだけあります。

　すべてにおいて、ある側面が大きければOKというわけではありません。例えば、お金持ちになるという「力」を得たと仮定します。そうすると社会的にも大きな影響力を持ち、好きなことができるようになるなどポジティブな側面として考えられる要素があります。しかし、社会的に影響力があれば、その分、周囲からも必要とされ責任が発生したり、妬まれたり、嫌がらせをされたりすることも考えられますし、いつ、その力が失われてしまうかと自分の中の恐怖が生まれてくるかもしれません。

　権力の魅力に負けて、力を失う恐怖から支配欲を生むと、自分のとりまく環境を自分の都合のよいようにコントロールしようとして苦しむことになります。しかし、コントロールしようとしても自分以外をコントロールすることは決してできません。内なる「力」が、誘惑に打ち勝つために試されることになります。やはり力の学びがここでも生まれるのです。

　このように、「力」といってもいろいろな側面を持っており、すべてをコントロールすることはできず、ただそれが「ある」ということを受け入れたときに、本当の力強さを手にするといえます。人それぞれの「力」に対する感じ方や考え方があるかもしれませんが、最も自分らしくいられるバランスを知り、力によって自分自身が大きく振り回されてしまったりしないような関わり方を学び続けることがテーマなのです。

　軌道数8のエネルギーは、それらの要素を系統立て、組織化する

ことでバランスを取ることを学ぶ性質を持っています。軌道数8の力のエネルギーがネガティブに働くと、無気力、無能さの側面が強く出ます。極端に表出すると、冷徹さ、虐待性、無知という性質となります。

## 軌道数8の人の性格　パワーゲームが大好きな競争型　人を信頼するのも「強さ」です

　軌道数8の人は、対人関係においても、その状況の中の自分のポジションや、相手から見た自分の立場というものを強く意識して行動するタイプです。
　社会や組織の中でのパワーゲームに関わることも多く、その中で自分を成長させていく人なので、競争社会でも適応して努力する素質を持ち合わせているといえます。その分、向上心も強く負けず嫌いです。
　勝負の世界で白黒はっきりつけることも好むので、スポーツでも勝負の世界として結果がはっきり出る種目を好んで真剣に取り組むことができるでしょう。そういう勝負強さをギャンブルに向けてしまうと、楽しむ程度ならよいかもしれませんが、深みにはまる可能性もあるので、気をつけましょう。
　強さと強がりを勘違いして、人に弱みを見せるのが苦手に感じるかもしれません。しかし、人と協調性を持って、相手を信頼したり頼ったりできるということも、自分の強さがあるからできることなのだと心得て。
　軌道数8の人の傾向として、能力がない人や自分を磨こうとしない向上心がない人には共感できず、あっさりと切り捨ててしまうと

ころがあります。そうなると、周囲からは冷淡な人と思われてしまいますので気をつけましょう。

　また、力を持っている人と、そうじゃない人で対応があからさまに異なってしまうと、生活に影響が出るので注意が必要です。

## 軌道数8の仕事　金融や商社、政治家が適職だけれどお金や権力だけが「力」ではないと銘じて

　軌道数8の人は、力強さとはどういうものかを学ぶ素質を持っています。そのため大企業内の上下関係や出世レースの裏側を知ったり、お金の動きと人の動きの流れを体感したりと、さまざまな角度で「力」の側面を見つめることになるでしょう。

　そういう自分の外側で起こる現象に、自分自身が流されることなくしっかりと歩んでいくことこそが、本来の強さとなります。周囲の騒がしさに飲まれてしまわずに、常に自分のその場での役割や、望み、実力、苦手な物事を冷静に判断して、バランスよく使いこなすことで、真の自分らしい力強さを発揮していきます。

　押しが強いだけでは強さとはいえず、受容性もあってはじめて本来の力強さが発揮されることを忘れずにいましょう。外側の騒がしい力の動きに飲まれて消耗してしまうと、逆に無力感に惑わされてしまいます。目に見える出世やお金、権力だけが強さではないことを、社会を通して学んでいきましょう。

　軌道数8の人は、職種に関わらず、自分の本来の力を意識して仕事と社会に関わることが必要です。金融トレーダー、銀行家、プロスポーツマン、政治家、官僚などダイレクトに力の側面に関わる仕事に適応しやすいといえます。

## 軌道数8の恋愛

### 生まれながらに人との駆け引きを心得る 恋の過程を楽しむタイプが多い

　軌道数8の人は、男女共にパワフルでエネルギッシュで自信満々、頼もしいタイプ。女性は快活さが好まれるのですが、その半面、気が弱い男性からは押しが強すぎるように思われてちょっぴり損するかもしれません。

　軌道数8の人は、生まれたときから、兄弟同士の競争を体験していたり、一人っ子でも、子どもの自分と大人との位置関係などを考えさせられたりして、自分の居場所は自分で確保する術が磨かれています。その経験から社交性が磨かれ、駆け引きも上手で楽しめる方でしょう。競争にも慣れていて、恋の駆け引きも得意であり、高嶺の花を手に入れるために夢中になってしまうことも。「手に入れる」その過程自体を楽しむタイプが多いのです。軌道数8の人には積極的に自分の魅力をアピールして、つき合ったときのメリットを感じさせるような駆け引きも必要になるかもしれません。障害の多い相手ほど燃えると感じるかも。しかしそれが極端すぎて、不倫になってしまったり、他人のパートナーに惹かれてばかりというのでは、よくありません。

　女性だと特に社会的に地位があり収入もある、バリバリ働くタイプの男性に惹かれることが多いかもしれません。しかし基本的に男女共に、自分のやりたいことや、言いたいことをつらぬいている亭主関白、カカア殿下（自分の意思をはっきり主張することができる）タイプです。その分、リーダーシップを発揮して、パートナーを引っ張っていきます。

## 軌道数8の将来へのアドバイス

## 自分の力を信じることが成功の鍵
## 時には一休みすることも大切

　軌道数8の人は、競争社会でも、競争を過剰なストレスととらえずに自分のキャリアをしっかりとつくっていくことで、大きな学びとなり鍛錬となります。

　自分の欲しいものを手に入れるための努力もきちんとできるので、向上心を失わずに前向きに未来を切り開いてください。自分の持つ力を信じてあげることが、本来の自分の力を発見する鍵になります。地位や名誉、お金も必要ではありますが、本来の自分の持つ力を発揮することの方が人生では大切で、生きる楽しみにつながるのです。

　しかし、競争に踊らされて、人を見下したり蹴落とすようなことをしていると、必ず自分に返ってくることになります。

　手に入れた「力」を振り回さずに適切に使っていく意思が、真の「強さ」であることに気づく必要があります。まわりが見えなくなってきたら一呼吸置いて、少しリラックスすることも必要です。ギャンブル的な選択に打って出るよりも、自分のペースを崩さずにしっかりと着実に歩んでいくことで、ゆるぎない力を蓄えていくことになります。

## あなたのまわりの 軌道数 8 な人

### 1  クールで冷徹な証券マン

数字で結果を出すことに尽きるこの仕事。こういう勝負の場面が多い仕事こそ、適職といえます。こういう人にはきちんと理詰めでお話しないと理解が得がたいかも。

### 2  大家族の中でいつも自己主張が強く アピールがうまい末っ子

生活の中でも常に力関係のバランスを肌で感じている環境で育っています。相手の話を一度聞いてあげてから、こちらの意見も伝える交渉術が必要。

### 3  家族の予定や食事、行動、将来の道まで すべてしきりたがる親

子どもを思うあまり、ついついコントロールしようとしてしまいがち。こういうタイプには、信頼してもらえるように事前報告をした上で、時には自分の意思を通した方がよいでしょう。

## *4* 仕切り屋さん

何かと問題があると、「ああしろ」や「こうしろ」と進んで切り盛りしてくれるタイプ。暴走しないように注意しておけばかなり頼もしいリーダーになってもらえます。

## *5* 男性顔負けの仕事をするキャリアウーマンの上司

数字で結果を出さないと、認めてもらえない実力主義的な要素が強い人です。そうなると、まずはやはりきっちり仕事で評価を得た上でないと意見を聞いてもらいにくいでしょう。

# 軌道数 9 のあなた

あるものを明け渡す慈悲の精神
圧倒的な優しさと強さをあなたは持つ

---

Keyword

慈しみ

悟り

慈悲

手放すこと

---

**軌道数 9 の全体像**

**精神的な自分を信頼すること
安らぎはそこから得られる**

　軌道数1から順に見ていきますと、種を蒔き、成長し花開くことで自分自身が確立されていき、自分以外の周囲（社会）と関わり社会的な要素も獲得していくことがわかると思います。軌道数1から軌道数8までの一連の流れがあり、軌道数9の側面にたどり着くのです。そのため軌道数9は、ピュタゴラス数秘術では最後の数であり軌道数1から軌道数8まですべてを含む数と考えます。

　すべてを含むということは、大きな慈悲につながることをあらわ

しています。自分も許し、人も許すことですべてを受け入れるエネルギーとなるのです。慈悲というのはただ柔らかくて大きなイメージがありますが、一本芯が通るような強さも含み、本来の道筋から外れるような場面では確固たる意思を発揮する情熱も持ち合わせているのです。

　人が生きていく過程も同様です。人として生まれてから、まずは子どもから大人と成長する過程で、自分という「個」を確立して社会に出ます（これは軌道数1から軌道数4まで）、学校に行ったり働いたりすることで、自分や家族以外の人との関わりから社会性を育て（軌道数5から軌道数8までの期間）、老いてからはまた独りの世界に戻り、終局的にはこの世から離れていくのです（これが軌道数9の働き）。

　この世から離れるまでの晩年では、地位や名誉、財力、知識などは徐々に人生の中で必要な場面が減り、最後は肉体までも手放して旅立つのです。人間は晩年を迎えるまでは、いろいろなものを手に入れることで営みをつくっていきますが、最後にまたそれをすべて手放すというよりも、今度はあるものから明け渡さないと死に旅立てません。

　すべて開け放しても自分の魂は残り、最後に残った本来の自分を絶対的に信頼し、肯定することで初めて人というのは圧倒的な安らぎを得るのかもしれません。

　このように軌道数9の要素は、明け渡しの中で生まれる自分や物事への信頼感、他人への思いやりと慈悲をあらわします。その中には、圧倒的な優しさと強さを兼ね備えます。しかしネガティブな側面が出る場合は、無感覚、過剰な無視無欲などフラットすぎる感覚を示します。

## 軌道数9の人の性格
### 相手の身になって考える感性の人
### 同情と慈悲を間違えないで

　軌道数9の人は、人への思いやりに優れ、感情移入しやすい性質を持ちます。そのため、人に親切ですし、他者や社会のためになりたいという奉仕の精神も強く持ち合わせています。

　いつも温かく優しい雰囲気をかもし出し、成熟して落ち着いた印象を持たれるでしょう。困っている人を助けることも自然と行えるので、周囲の人からも信頼が厚いのです。その分、感情にも自分の状態が反映されやすく、感情の起伏は大きいわりに、「それを表に出すと迷惑かける」と押し殺してしまい、かえって感情の波に苦しむことになるかもしれません。理性よりも先に感覚や感情に素直にキャッチするタイプなので、それに飲み込まれずに一歩引いて冷静に検討する習慣も必要となるでしょう。

　直観に素直に従えるということは、自分の内面を信頼し、何か達観している感覚を持っているともいえます。そのため若い時から大人びてみられることが多いでしょう。また、自分から自己主張することもないため、おとなしくみられます。

　また、人のためになることをしたいと思うあまり、同情と慈悲を混同しないように気をつけましょう。同情から、人のためになることを……とすべて行っていたら、自分がおろそかになってしまいますし、同情から施しを受けているような気分に相手をさせてしまっては、かえって傷つけることになるのです。

## 軌道数9の仕事

### チームワークも抜群の気配り屋
### 過剰な感情移入には気をつけて

　軌道数9の人は周囲への気配りが上手で、人当たりも良いタイプです。職種に関わらず、独りでこもって作業をするような職種よりは、外に働きに出て人との交流がある職場の方で素質が役立つでしょう。もしくはどんな職種であれ、自分のした仕事の先にいる人たちを思い浮かべ、仕事の流れが循環していくことをイメージすると、働く意義を見出しやすくなります。

　協調性も豊かなため、チームで働く際もみんなに目を配り、自分のすべき仕事に率先して取り組むことができます。しかし、周囲の人に気を遣うあまり、自分の思いや感情をあまりに伝えず溜め込んで一人消耗してしまったり、トラブルを一人で抱えてしまったりしないように、冷静な対処をする必要もあります。

　軌道数9の人は過剰に感情移入しやすい側面があるため、職種としてはあまり人を世話するような仕事（例えば、社会奉仕的な職種、医療関係、介護など）にはかえって向いていない場合が多いでしょう。ボランティアは、プライベートな時間を使って行う趣味の範囲で活動する方がバランスは取れるといえます。

　ビジネスとしての領域を超えて、自分が感情の波に飲まれてすべきことでないところまで勝手に行い自滅してしまったり、生活が成り立たなくても無理を重ねてしまう可能性もあるからです。あえて会社勤務や自分の好きなことから仕事に発展させて、わざわざボランティアの職場でない、普通の生活の中で慈悲を生かすことを学んでいき、冷静に物事と向き合う姿勢をつかむとよいでしょう。

## 軌道数9の恋愛

### 常に相手を心から思う大きな母性
### 世話の焼き過ぎと甘やかしには要注意

　軌道数9の人は思いやり深く、大きな母の愛情のように包み込む優しさを与えられる人です。懐が深く、信頼が厚く、周囲の人に安心感を与える存在です。パートナーには不誠実なことをするなんて考えられず、居心地の良いように整えて穏やかな関係を保ちます。

　いつもパートナーに興味を持ち、いつもと違ったことがあれば、すぐ察知して対応しようとしたりしますが、それは無理に努力しているのではなく、気づくからする、したいからするという感覚なのです。心から相手を思う気持ちを感じて共有することで、幸せを感じられるので、何気ない日常の中でも思いやりをお互いに持ちつつ時間を共有できる関係を望みます。軌道数9の人にアプローチする場合は、相手への思いやりと理解を示し、自分のことばかり伝えるのではなく、相手の考えを引き出してあげるようにするとよいでしょう。

　ただし、相手に遠慮して、自分の喜怒哀楽を押し殺し過ぎないように要注意です。時には自分の日々考えていることや、希望を伝え自分を理解してもらう努力をする必要があります。

　軌道数9の人はあまり過剰にのめりこむと、世話を焼きすぎて相手を束縛したり窮屈さを与えてしまったり、貢ぐことでかえってダメな人間にしてしまう方向性につっぱしりがちです。また、そういうことをさせる要素を持った異性につい惹かれてしまい、いつも自分がヘトヘトになってしまうパターンを持っているから要注意です。お互い依存せず、自立した中で思いやりを持てるパートナーシップを心がけましょう。

**軌道数9の将来へのアドバイス**

## 周囲と同調しやすい分
## ポジティブな人と積極的に交遊を

　軌道数9の人はとても穏やかで優しく、思いやり深い一面を持っています。その姿勢を生かして周囲に貢献できることは、ある意味ボランティアといえますし、必ずどこかで形になって役立っていきます。「人のためにならないと」と気負わずに自分をしっかり冷静に見極めて、今ある日常を大事に過ごすことも大事です。ただ、人のためにと人の勧めるままの道を歩むだけでなく、自分のやりたいことに情熱を持って行うことで社会に還元できるんだという意識が、あなたにとって何よりの励みになるはずです。

　一人静かに過ごす時間を人より多く必要と感じているタイプですが、時には気の置けない友人や家族と、周囲の場を盛り上げて仲間うちで楽しい時間を共有することでリフレッシュしましょう。どちらかというと、一人で仙人のようにこもっているほうが心地良いタイプなので、視野が狭くなりがちです。人と触れ合う時間を意識して持つことでさまざまな考えに触れ、浮世離れせずにいられます。また、周囲に協調しやすい分、ネガティブなことばかり言っているようなグループには属さないこと。自分の情熱が高まり、前向きに気持ち良く過ごせる人々が本来一緒にいるべき人々です。無理に同情をもって関わりすぎてしまい、せっかくの時間と労力が無駄にならないようにしましょう。

　まずは、自分への優しさを忘れずに。

Ⅰ　自分の軌道数を知る

## あなたのまわりの 軌道数 9 な人

### *1* 信頼できる部下には大きな仕事にチャレンジさせて途中厳しい指導もしてくれる上司

信頼して周囲の人に任せてくれる理想の上司ですね。その分、あまり細かいことには興味がない場合も多いので、実務面の細かいことはほかの同僚などに力添えをもらうとよいでしょう。

### *2* 人当たりがよく穏やかで幅広い年代とのつき合いがある友人

どんな人とでもある程度合わせられる懐の広さがあります。世代を超えて話ができる柔軟性があるので、人を紹介してもらいたいときにお願いしてみては？

### *3* 物腰が柔らかだけど何事にも動じない同僚

まわりからみたら結構なトラブルがあっても動じず、冷静に処理する人です。忙しい現場でもうまく対処し指示がもらえる頼もしい存在です。

## 4　家の前を掃除するときに
　　隣の家まで掃いてくれるご近所さん

こういう周囲を気遣う習慣って最近はなかなかみられない光景だと思います。感謝を込めて挨拶をしっかり交わして、時々は自分も見習ってやってみることもボランティアの一つです。

## 5　親戚の集まりではいつも
　　子どもの世話をしてくれるおばさん

子どもにも大人にも分け隔てなく接してくれる人です。安心してお任せできるので、たまには自分も甘えていろいろ話を聞くと、「なるほど」と思う考えを教えてくれそう。

# 軌道数 11 のあなた

あなたと高次元との結びつきをあらわす
ありのままの自分をジャッジすることが大事

Keyword

直観

豊かな感性

天と人とのつながり

洞察

### 軌道数 11 の全体像

**自分自身の中に眠る答え
自分を見つめる必要性を伝える**

　軌道数 11 は 1 ＋ 1 ＝ 2 のために軌道数 2 の要素も持っています。軌道数 2 は受容性というだけでなく、自分と他者との関係性も含む数です。軌道数 11 は自分と天（高次元）との結びつきという部分での関係性をあらわす数です。

　高次元との関係性を意識するとき自分の外にある空とか天をイメージして、外に意識のベクトルが向かうと思いますが、本当は自分自身の一番奥底にある神性、内へのベクトルに向かうことになり

ます。「内なる声」という言葉もあるように、本来の人と高次のつながりの答えは、すべて自分自身の中に持っているのです。

　答えを外に求めるよりも、自分自身を深く見つめることでしか、自分の本来の姿を知ることはできません。軌道数2の持つ受容性は他者を受け入れることで、ほかをジャッジせずありのままを知るということでもあります。軌道数11はその中でも、ありのままの自分をジャッジせず受け入れることで初めて自分が自分とつながり、高次からのメッセージや、生まれてきたときにすべての人に与えられた高次からのテーマに触れることを示すエネルギーです。

　しかし、人はどうしてもマインドや理屈、知識が強く作用する生き物。その自分が感じるメッセージが本当に内からのメッセージなのか、自分の頭の中での想像から来るのかを見分ける目と感性が必要です。

　過剰にこのエネルギーが働くと、非現実的や狂信的という形であらわれます。また、反対にマイナスの側面は過敏症や無目的といった性質をあらわします。どちらにしても現実感が薄れている状態で、きちんと地に足着いた感覚が得られません。

　目に見えないシグナルに敏感で、通常の人と感覚的に受け取る物事が異なり、自分は人と違うと感じながら育って来た人も多いでしょう。特に物質的な物の重要性に重きを置く現代では、生きにくさを感じているかもしれません。しかし、肉体を持っている以上、実生活のリアルさが今生の学びであることを忘れずに。

　バランスを整えるためにはマラソンなどのスポーツをして体を使ったり、ガーデニングなど土に触れる活動をすることで、肉体を持っているという感覚を取り戻すことができるはずです。

## 軌道数 11 の人の性格  誰よりも強い感受性の持ち主　地に足着いた安定感を身につけて

　軌道数11の人は想像力が豊かで感受性が強く、人よりも繊細なタイプが多いです。目に見えない信号を受け取るアンテナが鋭い分、ほかの人が気にならないような部分まで目に入るため、かえって傷ついたり悩んだりすることも多いでしょう。おとなしい印象にみられます。しかしその分、他の人が気づかないようなことに気づくことができ、細やかに人を思いやることができます。

　草花や自然に触れることを好んだり、一人でゆったりした時間を過ごすことで安らぎを得て、ひらめきが強くなったりします。人とのつながりよりも自然や大地、宇宙との触れ合いや、自分の内なる声との対話の方に興味を覚えます。どちらかというと大勢でワイワイするよりも、本を読んで想像を膨らませて考えごとをしたりする方を好みます。

　「気づかないほかの人の方がおかしい」とか「自分は特別」とジャッジしてしまったり、「何となく、周囲から離れた感じがする」とか「何となく、臨場感がない」と感じることもあるかもしれません。それは高次とのつながりが強いからすごい、ということではありません。普通の生活の中で、自分が地に足着いた感覚で生活することを通して実生活できちんと形をして生かせるひらめきが生まれるのです。毎日の普通の日常の中にこそ、人間の生があることを意識して毎日を大切に過ごしましょう。

## 軌道数 11 の仕事　豊富な感性を生かせるアイディアタイプ
## 芸術センスを仕事に取り入れて

　軌道数 11 の人は繊細で感覚が鋭いので、細やかな気配りが可能です。直観も鋭いため、アイディア豊富で企画の立案が得意な人もいるでしょう。ただし、どちらかというと、理論立てた戦略を練るというよりも、「もっとこうしたらいいかも」というように感覚でとらえます。そのため、すごくその案がマッチするときと、現実味を帯びないような夢のようなアイディアのときと極端になり、周囲の人からは理解されないこともあります。

　また、接客対応でも顧客のニーズを敏感に察知してキメ細やかな提案ができる人材となるでしょう。感性豊かな側面もあるので、芸術的センスを問われるような業務でも力を発揮できます。

　仕事でその豊かな感性を生かすためには、まずは現実的な周囲の状況もきちんと理論的に把握した上で、アイディアをどう表現していけば周囲に受け入れられる形になるかを考えた方がよいでしょう。感覚的な分、理論立てて話すのが苦手に感じるかもしれませんが、三次元で形にするためには必要な要素になります。アイディアはあっても、形にならなければ机上の空論になってしまうのです。

　軌道数 11 の人は職種に関わらず、自分の創造性を生かせる働き方や仕事を選ぶことです。想像力を全く使わなくてできるような単純作業や、競争やノルマが厳しく緊張が続く現場では能力が発揮できません。自然に触れる仕事全般や芸術関係に触れる仕事、小説家、音楽家、絵本作家などが向いています。

## 軌道数11の恋愛

### 守ってあげたいと思わせる魅力を持つ典型的な「不思議ちゃん」型

　軌道数11の人は感覚的に行動するので、行動の予測がつかず周囲がとまどうこともあります。人込みや団体行動は苦手で、自分のペースを崩さずにいられる環境でのびのびと振舞えます。人といることよりも、一人で自分の好きなことを好きなようにできる時間の方が好きだったりします。いわゆる「不思議ちゃん」と言われてしまう人がこのタイプです。そのため何となく哲学的だったり、フワフワしてつかみどころがない人に周囲から思われがちです。

　恋愛面においては繊細なので、守ってあげたいと思わせる雰囲気を持っています。男性だと夢追い人、内気でナイーブなソフトな印象に見られることが多いでしょう。

　独特の世界観を持っているので、それが個性的で魅力的な一面にもなります。しかし、人と合わせたり、社交的に振舞うのも苦手なので、なかなか本心が理解されにくいと感じて恋愛に苦手意識を持ってしまうこともあるかもしれません。時には人に自分から歩み寄る努力を意識的にする必要がある場面もあります。

　軌道数11の人にアプローチするならば、こちらが相手のペースに合わせてあげる必要があるでしょう。おつき合いしても、お互いに自分の時間も大切にして、一人の世界も確保できる関係が長続きの秘訣です。しかしそういっても相手を思いやる気持ちと行動がなければ、相手にばかり努力させて負担を感じさせることになるかもしれません。

　相手に理解してもらおうという自発的な努力と、自分も変化する必要もあることを忘れずに。

| 軌道数 **11** の将来へのアドバイス | **自分が本当にやりたいことを常に意識すれば<br>カリスマ性をさらに発揮できるはず** |
|---|---|

　軌道数11の人は独特の世界観とセンスを持っているので、それを表現できるような芸術に関わる仕事や趣味を持って、健全に自己表現をする場を持つとよいでしょう。もしくはガーデニングをして土に触れたり、可能であれば自然豊かな所に旅行するなどの時間を持ったり、運動して体を使うことも必要です。このように体を使って大地のエネルギーに触れることで、生きている現実感を強く持つことができます。何となく周囲とうまく溶け込めない感覚を強く感じるときには、積極的に行ってみましょう。

　自分の世界に閉じこもることなく外界にも興味を持つことで、感受性の豊かさを生かして周囲の人々とも調和を保っていけます。一人ゆったりと過ごし、内面の自分と対面することも必要ですが、それだけではきちんと地に足着けて生きることはできません。

　内なる声から得たインスピレーションを三次元の世界で形にすることで「生きる」という学びを感じられることを忘れないで。

## あなたのまわりの 軌道数 11 な人

### 1 読書感想文で一人独特な意見を展開しているクラスメート

人と異なる切り口で物事をとらえる感性を感じ、ちょっと近寄りがたい印象かもしれません。本の感想や時事問題の話などを語り合うと刺激を受けるかも。

### 2 いつも大きな夢を語り楽しそうにしている友人

そんなの叶わない夢だと思って聞き流していると、いつか現実化して注目を集めるかも。自分の固定概念をほぐしたいときに、良いヒントになるかも。

### 3 面白がってカンで言っていたことが時々当たる友人

友人同士の間で「プチ霊能者」のあだ名がついていたり？ 本人にとってはただ感じているだけなのですが……意外な指摘で問題解決の糸口がほしいときに相談してみましょう。

## 4　一人では何もできない芸術家

感性は素晴らしいのだけど……生活がだらしなく見えてしまうくらい重症な人もいるかも。そんな人には実務は期待せず、アイディアを出してもらう業務に専念してもらえればと割り切っておつき合いを。

## 5　いわゆる「不思議ちゃん」

ちょっとフワフワした不思議な雰囲気で、その人の周囲の空気だけではいつも変わらず流れている……。良くも悪くもかなりのマイペースなので、イライラするようなら距離を置いた方が無難。相手に悪気はありません。

# 軌道数 22 のあなた

自分だけでなく世界とつながる広がり
人を惹きつける魅力のあるリーダーとなる

> *Keyword*
>
> 達成力
>
> 広がり
>
> 天と地の架け橋
>
> すべてを包み込む

## 軌道数22の全体像　人間界にとどまることない　広くて深い愛の力をあらわす

「11」と「22」はマスターナンバーと呼ばれ、通常一桁の数字で読み解いていく数秘術ですが、この二つの数だけは特別に二桁の状態で読んでいきます。

軌道数22は「天と地の架け橋」をキーワードとするくらい、この数の性質は、ただ人間界での営みに収まるだけでなく、地球や宇宙といったすべての英知をつながる力を総括しているといえます。

人生を通じて多くの学びを経験することも多く、その経験からの

英知を形にする使命があるのです。かえって大きすぎる視点から人生に焦点を合わせることを難しく感じ、あまり自分自身や人生に興味を持てないと感じることもあります。

　時々、この数字を自分の数秘チャートに持っていると、すごいスピリチュアルで特別な感じととらえる人もいます。もちろん、かなりパワフルな力を持ち、自分や人という狭い範疇でなく、世界規模の問題などにつながる要素を持ち合わせています。

　確かにマスターナンバーとも評されるエネルギーを持つ軌道数22の数字ですが、だからといって、これだけが別格扱いをされる数ということではありません。これもほかの数と同様に、ある特定の一面の性質をあらわすということなのです。

　軌道数22の持つ性質は大きな視野の愛です。自分だけのため、周囲の人のためだけにという考え方でこのエネルギーを使いこなそうと思ってもきちんと生かせないのです。もっと広く、人間にとって、すべての動物のために、地球や宇宙環境のためにと、どこかで広く循環するようなエネルギーの使い方を意識することで、生かされる性質を持ちます。

　そのため、軌道数22の持つ力の使い方を注意しないといけません。パワフルな英知のエネルギーを良き道に使うのか、無駄遣いするか、悪用するかもよく考えていかないといけません。

　このエネルギーが過剰に働きすぎるとかえって広く散漫になり、無目的・無気力に陥りがちになります。また、ネガティブになりすぎても狭い視野になってしまいうまく力が発現しません。極端すぎるところまでいくと、裏社会で悪用したり、黒魔術のような方向性を持つので注意しましょう。

### 軌道数22の人の性格
### 他人よりも研ぎ澄まされた感覚を持ち若い頃からグローバルな視点を育む

軌道数22の人は高次のエネルギーに敏感な分、目に見えない感覚や領域にも敏感です。どこか達観して、落ち着いた力強さを与え、老獪な人生の師のような雰囲気をかもし出します。いつも未来のさらに先を見据えているような感覚を人に与えます。

また、高次との関係性がテーマになっている数のため、軌道数22の人は、自分の周囲の人間関係や環境に対してのみならず、広くこの地球や世界全体の問題に対して関わったり興味を持ったりすることが多いのです。若い頃から広く世界に目を向け、積極的にグローバルな視点に立った活動を行うことで才能を発揮する可能性があります。

### 軌道数22の仕事
### 高い知性と抜群の直観力が発揮できる科学者や研究職に適性がある

軌道数22の人は抜群の直観と感性を生かす仕事、特に最後までやりぬく力を生かしたリーダーシップを発揮するポジションでカリスマ性を発揮します。

軌道数8の人のように、力のバランスや現実的な要素を考慮して実務的に切り拓くリーダーシップとはまた異なり、感性をフルに利用して物事の流れを読み、導いていくような雰囲気のリーダーシップです。

しかし、自然と大きなスケールの展望を抱くことでかえって進む方向性が漠然としてしまい、いつまでも目標に到達しない感覚がす

ることも。反動で無気力になってしまわないようにしましょう。つまらなく感じても焦らず、まず目の前のすべきことを積み重ねていくことで、着実に歩んでいく感覚を実感してください。

　世界的な視野を持っているため、自分の利益を追求のではなく、多くの人のためになることに関わろうとしたり、グローバルな展開を目指してもよいでしょう。

　また、すぐれた科学の英知に到達する人々も、人の持つ無限の可能性を形にすることであり、高次の意思を形にしているといえます。そのため地道な努力でやり遂げる必要性のある科学者や医者、研究職なども向いています。

　また、広く世界に目を向ける意識が高いならば、環境問題に取り組んでもよいでしょう。宇宙工学、環境学、生物学、エコロジー産業などでも力を発揮できるでしょう。

## 軌道数22の恋愛　ミステリアスな雰囲気を漂わせるが家族ぐるみのつき合いを好むアットホーム型

　軌道数22の人はどちらかというと、つかみどころがない人と思われるかもしれません。しかし、強い意志を感じさせるミステリアスな雰囲気を持ち、人を惹きつけるカリスマ性があり、多くの人から信頼と期待を寄せられる存在でしょう。もちろん異性からも魅力的で憧れの人に見られます。

　話してみると、若いうちは「年齢の割りにしっかりしている」などと言われることも多いかもしれません。

　または、軌道数22の性質が逆に振れていると、いつも話していることが地に足着かず、いまいちピンとこないような印象を持たれ

ることも。そうなると若いうちは特に、夢だけは大きくて行動も立場も伴っていないように見えてしまい、損をすることもあるかもしれませんから、バランス感覚には注意が必要です。

恋愛のパートナーとしては、尊敬して安心して寄り添える相手となります。男女共に結婚すると、自分たちだけを家族と考えるというよりも、親や親戚など広い意味での「家族」を意識して、大切におつき合いする感覚が備わっていることでしょう。

軌道数22の人にアプローチするときは、恋愛だけに束縛するような関係性にならないように、各々が自立した中でのパートナーシップを築くように心がけましょう。

男性の場合は、常により大きな仕事をする意識を持って働き、家庭的なパパになるというよりも、仕事メインの生活を送るタイプです。女性は、仕事をしていない場合でも、主婦や母親の視線からエコロジーや文化継承の教育など、社会貢献に通じるような活動も続けていくことで、女性ならではの役割を果たしていきます。

## 軌道数22の将来へのアドバイス

### 地に足着いた生活を送ることで感性はさらに生かされていく

軌道数22の人はとても大きな可能性を持っているので、それを生かすためにも、常に自分の人生をしっかり生きていくという意識が大切です。大きなことをしたいと感じることが多かったり、人と違う視点を持っているように自分で感じても、それが人よりも自分が偉いというようなエゴになっては、何の力にもならないのです。

軌道数22は一桁の数にすると、2＋2＝4となります。軌道数4は現実性や堅実さ、物質をあらわす性質を持っています。ですか

ら、宇宙を感じる精神を持ち合わせていても、それをこの地球上で生かすためには、実生活の中で目に見える形にしていかなくてはならないという意味も含んでいるのです。まずは、自分の足元から着実に固めていき、積み重ねていくことで、大きくてしっかりとしたゴールを築いていくという過程も大切にしてください。

　サイキックな感性が強い場合でも、それが偉いのではありません。いかに人として自分が生きていくのか？　という根本的なテーマを忘れて、一人の人間として生きていくことから離れてはいけません。その感性を生かすにしても、人としてきちんとした生き方がベースになければより広く人に良い影響を及ぼすようにエネルギーを働きかけることはできないからです。

　自由に、でもしっかりと地に足着いた生活をすることを心がけましょう。そのためにも、自分自身の内なる声を聞く、静かな環境と時間はなるべく大切に持つようにしましょう。

# あなたのまわりの軌道数22な人

### 1 いつも生徒会長に選ばれる
### しっかり者の同級生

大きな集団の中でも全体を見渡す能力がある人。広くまとめて、人を牽引する力をいかんなく発揮できるので、安心して役目を任せることができます。

### 2 学生時代から自分のしたいことや
### 職業を見据えて行動していた同級生

ただ自分の将来だけを考えて業種を選ぶことなく、ライフワークとして取り組めることを意識して仕事選択するしっかり者。就職活動の視点が周りと違うので、活動報告に関しては参考にならないかも。でも、その姿勢を学びたいところです。

### 3 多くを語らないけど先を見越した意見を
### タイミングよくくれる上司

仕事の流れや人の動きも広く全体的に見渡している上司。最終的な目標も見えているので、途中経過に迷ったら、まず目安とすべきアドバイスをもらうとよいでしょう。

## 4 夢みたいなことばかりを言って
## 仕事が続かないフリーター

これは軌道数22の性質がネガティブに働いた場合。自分の思考がビッグな分、漫然としてしまい、何から手をつけてよいか自分でもわからず放置してしまってる人です。まずは短期で結果が出るものを経験できるような場を提供してあげると良い手助けになるでしょう。

## 5 環境問題に取り組んで
## 世界的に活動する団体のリーダー

グローバルな視野からすべての人のためになる仕事に生涯関わりたいという熱意があるので、表面上のエコの話ではなく、本当に必要な情報に触れることができるでしょう。

## ピュタゴラス数秘術との出合い

　私が数秘術に出合ったのは、数年前にいろいろなヒーリングやエネルギーワーク、ボディワークを手当たりしだい勉強していた頃です。子どもの頃から趣味として触れていたタロットカードの勉強にきちんと取り組み始めたときに、タロットカードには数の持つ意味合いも含まれていることを知りました。それから、数について知りたいと思うようになりました。

　本などで学んでいるうちに、現代に伝わる数秘術は、純粋な数のエネルギーを重視するというよりも、カバラの思想も盛り込まれているバージョンが主流になっているように感じました。しかし私自身、宗教の背景が薄い日本に育ち、カバラを本当に理解するためには一生専門として勉強しても足りないだろうとがっかりしていたときに、ピュタゴラス数秘術に出合いました。

　ピュタゴラス数秘術は、思想背景に左右されずに純粋な数のエネルギーを利用する要素が多く、私にとってはフィットするツールとして感銘を受けたのでした。学生時代は理系人間で、数学の証明問題を1行も無駄なく最短距離で完璧に数式であらわせたときに、「何て数字というのは美しいのだろう」と感じた瞬間を思い出しました。きっと、医学も自然学も数学も芸術も、すべて近しかった時代に生きたピュタゴラスは同じように数字という普遍性の中に芸術を感じていたと思います。

　エネルギーワークやチャネリングも素晴らしいですが、タロットカードや数秘術のようにクライアントさんと一緒にイメージを共有できるセッションだからこそ、思考の開放が早く確実に起こる場合もあります。特にエネルギーは目に見えないので、「目に見えないものを人から伝えてもらっても、それが本当かどうか実感が持てない」という方には、数秘術は心に響くメッセージとなることでしょう。

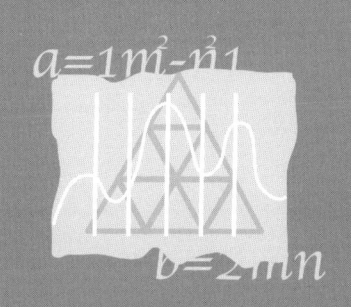

# II 自分の個人周期数を知る

# 個人周期数とは

**特定の年の自分の運勢がわかる**
**個人周期数 11 と個人周期数 22 はないことに要注意**

「個人周期数」とは、誕生日から次の誕生日までを 1 年と数え、その年の持つテーマを数であらわしたものです。特にその 1 年に、どのような性質のテーマがクローズアップされるか、ということを数であらわしています。

### 計算方法

その年の西暦と、誕生日の月日を足して一桁にした数です。
例えば、1973 年 2 月 28 日生まれの人が、2009 年の個人周期数を計算する場合

自分の誕生月日と知りたい年の西暦年を足す。
2 ＋ 0 ＋ 0 ＋ 9 ＋ 2 ＋ 2 ＋ 8 ＝ 23
→ 2 ＋ 3 ＝ 5
この人の個人周期数は、5 となります。

この人の場合は、個人周期数 5 の性質が 2009 年 2 月 28 日から 2010 年 2 月 28 日までのテーマとしてクローズアップされるといえます。西暦の 1 月 1 日からの 1 年ではないことに注意してください。

例えば、今が 2009 年 1 月 15 日で、誕生日が 2 月 28 日の人の場合は、1 月 15 日の時点では、また 2008 年 2 月 28 日のサイクルに

あり、個人周期数4の年にいると考えます。

　数秘術の特徴として、時間軸を持っていることが一つ挙げられます。タロットカードは、「今、ここ」のその人のエネルギーを見ることに最も長けています。そして未来の状態を引き出せたとしても、「○○年にはこう」と、誰もが同じ結果を読み解くことはほぼ不可能で、確実にぴったりと確認できる方法ではありません。

　数秘術の場合は、誰でも簡単に計算することで知ることができ、自分の人生の立ち位置や今後の方向性を感覚的に把握できることが大きな特徴です。

　個人周期数を知ることで、具体的に行動を起こすべきタイミング、自分を見直して守りに入った方がよいタイミングなどを確認できるようになります。それを生かしてビジネスの活動をそのバイオリズムに合わせたり、人生の転換期の目安を得ることができます。また反対に、過去の出来事や考え方の変化を振り返ってみると、その数の性質を持つ出来事にあてはまることが多く、驚くかもしれません。一度、人生の中での出来事とその後の流れを、個人周期数と照らし合わせて振り返ってみるとよいでしょう。自分の人生を通じて、うまく物事が進みやすかったとき、反対に滞っていたときの個人周期数のパターンがわかることで、今後新しいことを始める前に意識するとよいでしょう。

　個人周期数は、9年のサイクルで、「1」から「9」までを用います。「11」と「22」の二桁の数は使用しません。人生というのは、三次元の活動であり、その中でのテーマを体験しつつ人は年を重ねて生きていくからです。後で出てくる宇宙周期数のように、宇宙そのものが持つ全体のテーマをあらわす数は、人と天とのつながりをあらわす「11」と「22」も用いて分類されます。

# 個人周期数 1 の年

自分の感じるままに新たな第一歩を踏み出すこと
どこに目標を立てるかがポイント

**【 Keyword
はじまり
種まき 】**

「1」は始まりの数です。その前の年までの流れをみて、今後も役立つこと、不要なものを整理して、身軽になって気持ちあらたに進んでいきましょう。

個人周期数1の年は、新しいことを始めるのに向いています。今まで計画してはいたけれどなかなかやるチャンスがなかったり、重い腰を上げられずそのままになっていたけれどあきらめられないことがあるならば、この年に始められるように整えていきましょう。

この年に種を蒔いた物事に発芽のエネルギーを蓄えて勢いよく育てていくためには、必要な物事や思考、願いにしっかりと焦点を合わせていけるように、自分をよく見つめて、理解する必要があります。これは、これから何を育てて、何を収穫したいのかを見極める作業です。

そこから意識を集中させて、本当に自分に必要なことを発展させていけるように環境を整えることも大切です。これは種を植えるた

めの畑の場所を決めて耕すことと似ています。

　これまでの数年間、明確な目標や夢、楽しめる趣味など全く思いつかなかったという人は、意識してこの１年でいろいろなことにまずはチャレンジし、今後しばらく続けていけるものを見つけるようにしましょう。

　無理にイヤなことを続けたり、漫然と毎日を過ごすよりも、これからの自分がより輝けるものを積極的に探すことで、今後の流れが快適になるのです。

　「もっとこんな人になりたい」と思うことはあっても、「自分とはぜんぜん違うキャラだし……」とか「私にはとてもあそこまでできないわ」とあきらめてしまっていませんか？

　個人周期数１の年こそ、本当に自分が快適と思える生き方や個性を身につけていくチャンスの年です。

　はじめは周囲からも「あれ？何か急に変わってしまって、ヘン？」などと思われても、これからの自分を創造できるのは自分自身しかいないのです。本当に望む自分をしっかりと意識して、過去の思考にとらわれず、理想の自分になっていきましょう。

　このように、これからの流れを自分で意識的につくり、セッティングすることで、今後の自分の成長の方向性が決まってくる１年なのです。

# 個人周期数 2 の年

自分の感じるままに新たな第一歩を踏み出すこと
どこに目標を立てるかがポイント

【 *Keyword*
芽吹き
受容 】

　成長の時期であり、個人周期数 1 の年に蒔いた種が芽吹く年です。外側からは見えませんが、種の殻の中では静かに力強く芽吹く準備をし、大きく変容し続け、芽が出ると初めて表から見えるようになります。また、発芽までの間は種の殻にこもっていますから、外界の変化や動きには、自分から手を出すことはできません。その環境の変化や外界からの刺激に関しての姿勢は、受容的であるということになります。

　そのため個人周期数 2 の芽吹きのときというのは、発芽の動的なエネルギーも感じさせつつも受容的な側面もあり、種の中では発芽に向けて急速な変容が起こっているという 1 年でもあります。

　外の「発芽」というわかりやすい変化も楽しいのですが、内側の急速で大きな変容がこの 1 年のポイントだといえます。

　個人周期数 1 で蒔いた新しい流れの種が今後どんなふうに成長し、どんな花を咲かせ、どんな実を収穫できるのかの方向性を形に

していく1年といえます。これから先の方向性をつくっていく大事な期間となることでしょう。

　個人周期数2の年は、個人周期数1の年から自分がどのように変化と成長を遂げたのかは冷静に見極めつつ、その新しく生まれ変わったピカピカの自分を楽しんで進んでいくとよいでしょう。新しい流れの中で、さらに浮かんでくる発展的な思考や願いはぜひ形にして「芽を出させる」ように動くとよいでしょう。個人周期数1の年に始めたことを続けていたら、そのことよりもさらにまた違ったことに興味がつながったりすることもあるでしょう。より広い視野を獲得したことで、新しい発見や新しい視点で関わっていくことになるかもしれません。そのような、日々芽吹いていく変化は恐れずドンドン受け入れて進んでいくべきです。変化の先にこそ、さらなる成長と変容が待っています。

　しかし、あまりその芽を過剰にかまいすぎて過保護にしてしまったり、いじりすぎると芽は枯れてしまいます。植物が力強く、人がかまわなくても自分の力とタイミングで自然と発芽するように、この時期の芽の成長は静かに見守りつつ、適度な手間をかければ十分です。「もっと肥料をやればよいか？」と必要以上に触れていくたびに、芽は消耗して枯れてしまいます。

　物事の芽も植物と一緒で、成長に必要な水や肥料を最低限与え続け、あとは芽が育つことを信頼して受身で成長を待つしかないのです。出た芽の形（自分が撒いた思考や夢の形）、土（周囲の環境）、天候（周囲で起こるさまざまな出来事や、人から言われること）は、そのままの自分と条件として一度受け止めて、そこから花を咲かせるように、しっかりと計画を見据えて空を目指していくとよいでしょう。

# 個人周期数 **3** の年

これまで育て上げた才能が開花する
自分だけの楽しみを大切にして

【
*Keyword*
楽しみ
創造性
開花
】

　個人周期数3の年は、それまでの成長の結果が出る年です。
どんな花が咲いたでしょうか？
　個人周期数1の年で蒔いた種が、個人周期数2の年で芽が出て、この個人周期数3の年で花が咲きます。
　個人周期数1の年と個人周期数2の年で一生懸命育ててやっと大輪の花が咲いたのですから、この年は一度肩の荷を降ろし、その開花のときを楽しみましょう。
　花が開く様は、まさに才能が開花する様子をあらわしているように見えませんか？　ヨガにおける第6チャクラも「蓮の花」としてあらわされたりします。直観の目が開くことで、本質が見抜けるようになり、そして自分の持つイマジネーションや想像力を周囲に投影する光になるのでしょう。
　個人周期数3の年は、自分自身の創造のおもむくままに、自分の本来の思いや考え、行動計画をドンドンと形にして羽ばたいていき

ましょう。ただ、頭の中で考えて形にしていかないのならば、何も生み出せません。この年に形として完成させなくても大丈夫。この年に浮かんだ、考えるだけでワクワクするようなアイディアは、「忙しいからできない」とか「私には向いていない」などと言わず、楽しみながら取りかかっていきましょう。自分の楽しみの場で、共通して楽しんでいる仲間との交流を広げていくのもよいでしょう。

　個人周期数3の年は「楽しみ」もキーワードです。これは、まず自分が楽しむことで自分の魂が本当に喜ぶことを知るための期間です。人は、心から魂から楽しいと思えることが、魂の学びにつながっていきます。忙しい現代人は、「自分のことを振り返るために行き着く時間すらない」または、「自分のことが一番わからない」という方が多いものです。

　楽しいことは、自分の魂の歩むべき性質を象徴するので、本来の自分について知るヒントになるのです。

　しかし、楽しさを通して、「周囲の人も楽しませないと」とか、「自分ばかり楽しんでいるのはどうなんだろう？」というような、楽しむことに罪悪感を感じてしまったり、責任感を感じたりする自分に気づいた方も出てくるかもしれません。

　楽しみを受け取る姿勢は、豊かさを受け取る姿勢に通じます。楽しみの形がすべての人にとって異なるように、豊かさの形もみんな異なるものです。人と違ったりしても、自分が楽しめることで魂が自由になり、より自分の可能性に結びつく想像力がさらに開花するでしょう。

# 個人周期数 **4** の年

収穫がある一方で次のステップへの課題も出る
コツコツやれることをこなすことが近道

【 **Keyword**
生存レベルでの問題
収穫
安全 】

　個人周期数4の年は、個人周期数3の年に花開いた後、実として現実的な形になる年です。個人周期数1の年からずっとやってきたことが、ようやく実の形となるのです。収穫された実は、思った通りの実でしょうか？　それとも自分の欲しかった果実ではなかったでしょうか？

　実際に結実した結果を見て、思った通りの方はそれを踏まえて、また今後の道を計画し進んでいくとよいでしょう。もし、思った形で実を結ばなかった方は、軌道修正すべきか、それを受け入れた上で今できることをしていくのかを検討して、きちんと個人周期数4の年のうちに、しっかりと基盤をつくっておきましょう。

　また、収穫した実というのは、自分のそれまでの行動や仕事、生き方の結果でもあります。その結果が満足するものならよいのですが、不満足なものであっても自分で責任を持つ必要があります。ただ、地位や収入、職業などという形になるものでなくても自分の意

思で勝ち取ったものであれば、それが一番の「形」であり「安定性」なのです。

　個人周期数4の年は、「生存レベルでの問題」がキーワードですが、これは「4」の数の持つ現実性や形あるもの、という性質を反映しています。いくらいろいろな夢を持ち理想があっても、それを形になるように、物理的な行動として形にしていかなければ、ただの机上の空論になってしまいます。自分の人生を自分の足でしっかりと道を歩み、踏み固め、形としてきたことが物理的にも結果として残ります。そのため、人生をきちんと積み重ねていないと足元から揺さぶられ、自分の存在価値を問われる事態に直面する可能性もあります。

　また、職業や地位、役職、収入などが物理的にテーマになる問題に直面する可能性がある年になります。今の自分の仕事や役職、または人との関わり合いの中での自分の立ち位置をどう感じていますか？　満足いくものですか？　しかし、そのような目に見える肩書きや立場というものだけが充実していても、本当の心の満足感や身の安全は確保されないのです。

　そのような目に見える形に惑わされず、その立場で自分が実際に結果を出しているものに関してはどうか？　自分の役割がどう役立っているか？　という目に見えない側面の実質を考えて行動できるようにしていく年でもあります。

　個人周期数4の年は派手で華やかな動きはなかなか起こらないかもしれませんが、その分、日常をていねいに過ごし、コツコツと実績を積み重ねることで安定を得て、結果として実を結ぶ1年です。足元がぐらつかないようにするためにも、目に見える地位や名誉などに惑わされず、実質を見極めるよう気を配りましょう。

# 個人周期数 5 の年

あなたに訪れる変化の風
幸運にするも不運にするも冷静な判断次第

【 *Keyword*
変化
チャンスの時期 】

　個人周期数5の年は、変化に富んだ1年になります。個人周期数1の年から個人周期数4の年までで、一度形になったものにしがみつかず、さらなる人生の旅に出るべくエネルギーも外向きに活発になるのです。
　変化の年は、良くも悪くも変化の波に乗って動きが出てきますが、変化自体を恐れて過去や現状にしがみついていると、水の流れが澱むのと同じように視界が曇り、状況が自然と良くなるようなことはありません。
　変化の波が自分にとって望んだものであれば、意識しなくてもその波にうまく乗っていくだけでよいのです。思った以上に大きなチャンスにも恵まれ発展していくでしょう。しかし、本当に強運をつかむ人というのは「大難を無難に、小難を無難に」できる人です。人は良いときはうまく動けますので、そのまま楽しんで変化の波乗りをしてもよいでしょう。しかしそうでないときの対応をしっかり

としていくことが難しいので、その際にしっかりとその波に振り回されず、対処することが必要です。その変化の波の中で動揺せず客観的に状況を判断し、変化によってもたらされる出来事を受け止めてたんたんと処理していくことによって一番スムーズな形で収まっていくのです。

　また、一番大きな変化は内面の変化でしょう。何となく、今まで何も感じていなかった毎日の中で急に気づくこと、今まで当たり前と思っていたことに疑問を感じたりすることで、周囲を見る目が全く変わってくることもあります。そのときは「気のせい」とばかりに自分の中に芽生えた感性の変化をつぶしてしまうのではなく、その新しい風を冷静に見守って受け止めていきましょう。

　個人周期数5の年はこのように、変化を味方にすることができるかが鍵になってきます。そのため、新しいビジネスやチャレンジをするのであれば、冷静に状況を確認して新しい動きを起こすことでチャンスとなるのか、濁流となるのかを見極めた上でスタートさせる必要となります。よく発展する場合は、飛躍のチャンスにもなり得ますので、闇雲に個人周期数5の年は怖いと決めつけずに、よく準備と検討をする必要があります。

　周囲の動きが騒がしかったとしても、自分の内面で大きな風が起こる予感があったとしても、いかに自分らしく、冷静に「そこにいる」「ありのままでいる」ことができるかがポイントとなる年なのです。

# 個人周期数 6 の年

自分を愛することがまわりへの気遣いの第一歩
辛い別れもあなたを強くする糧となるはず

【 **Keyword**
愛
出会いと別れ 】

　個人周期数1の年から個人周期数9の年までの流れを見ると、個人周期数1の年から個人周期数4の年までというのは、物理的な側面からのテーマが多く、個人周期数5の年で大きな変化があり、また個人周期数6の年から個人周期数9の年までは、より「自分の内面」が問われ、内面の成長が問われる流れにあるといえます。

　個人周期数6の年は、人との心の触れ合いがテーマになる年です。周囲の人との調和や思いやりがテーマとなり、より社会的な側面での成長が促されることでしょう。

　自分を取り巻く環境やまわりにいる人々に対して自分がどう考えてどう接していくかが重要になります。行動としてあらわし自分を取り巻く社会への感謝と還元を意識するとよいでしょう。

　自分自身を愛しているという感覚や行動は忙しい毎日の中では、意外と意識することがないかもしれません。まず人を愛するためには、自分が満たされていて、自分を心から愛していることが大事で

す。そのためにも、個人周期数6の年は周囲への気配りだけでなく、きちんと自分へも愛情を注ぎましょう。本当に自分が心地良く、くつろいで過ごしている毎日なのか確認してみましょう。

　周囲の人への気遣いは愛情でもありますが、気の遣いすぎは自己犠牲の感情を引き起こしてしまいます。自分への愛がない状態です。「いつも私ばっかりがしてあげている」とか「いつも私が気遣っているのに、相手は大事にしてくれない」と思うような状況をつくりやすい人は、この個人周期数6の年で、どこまでが愛や気遣いでどこからが自己犠牲かのバランスを学ぶことになるかもしれません。やはり、自分が気持ち良く率先してできる物事は、自分への愛情と他者への愛情がベースになっているものです。

　個人周期数6の年は「愛」についても学ぶ機会が多くなります。おつき合いを始める、別れるというだけでなく、結婚、離婚、妊娠、出産、死別など大きな節目を迎えることもあるでしょう。出会いもあれば、別れもあります。そして、別れもあるから、新しい出会いもあるのです。今の自分に必要な人が常に与えられるのが人生です。出会いはもちろん、別れもていねいに重ねていきましょう。それまでのお互いに必要な役目を終えて、お互いの新しいミッションに向けて新たに旅立っていくための別れなのです。どのような別れであっても、時間がかかっても、いつかその方との関係性に感謝できるようにしましょう。後々まで悔いが残ったり、気になってしまうと過去にエネルギーを残してしまうことになります。エネルギーを無駄にせず、いつも自分に100％のエネルギーを使えるようにしましょう。

　「愛」をもって「出会いと別れ」を通して、内面の本当の強さを養っていく年となります。

# 個人周期数 7 の年

自分を深く見つめ直す1年は寂しいのではなく
心を解放して本来の自分を取り戻すとき

【 *Keyword*
独り
内観 】

　個人周期数7の年は、自分の内に入る時間が必要になる年です。人々とワイワイ過ごす時間よりも独りで考えごとをしたり、勉強や研究に没頭することで充実したときを満喫できる年となります。かねがね興味があって知りたいことがあれば、調べてみると良い情報を引き寄せるかもしれません。

　常に誰かと一緒に行動する習慣がある人は急に違和感を感じて、自分の時間が欲しくなることもあるでしょう。また、特に原因はなくても何となく人と会う予定が減ったりする流れになるかもしれません。

　その時間を、「寂しい」ととらえるのではなく、誰がいてもいなくても、自分が独りで楽しんだり、豊かな時間を過ごすことはできるのです。独りの時間を得ることで、誰かの視線を気にせず、自分の心を解放してくつろいでいられるようになることでしょう。また、そういった時間を過ごせるようになることで、過度に人の視線を気

にしていた自分に気づき、本来の自分の姿を取り戻すきっかけになるかもしれません。

　自己の内面を深く知る時間を積極的に確保するとよい1年です。一人旅に行き、日常のせわしない環境から離れた場所に身を置いてみるのもよいです。また、瞑想やヨガを積極的に日々の生活の中に取り入れることもおすすめします。もちろん、その他のスピリチュアルなワークに取り組んでもよいのです。

　個人周期数7の年は、内にエネルギーが向きやすいため、物理的な物事を新しく動かしたり、大きく広げるのは骨が折れる作業に感じる時期です。ビジネスやプロジェクトをスタートさせようとしてもなかなか動かなかったり、再検討を強いられることがあるかもしれません。

　個人周期数7の年はコンセプトや計画をより深めて準備していく期間にした方が、よりよいものにする準備ができるでしょう。

　また、研究や学びの機会を設けてもよい時期ともいえます。もしくは、今後深めていきたいテーマが決まってくるかもしれません。自分の内面が求める探究心を生かして存分に力を蓄えるとよいでしょう。

# 個人周期数 8 の年

自分にとっての力とは何かを考える年
メリットとデメリットをバランスよく取って

【
Keyword
力
男性性と女性性のバランス
コントロール
】

　個人周期数 8 の年は、さまざまな「力」を学ぶ年となります。男性性と女性性にしても、身体的な差や考え方の違い、一人の人間の中での柔軟性と攻撃性などの違いからくるバランスがあまりにも崩れてしまうと、極端な人間性が表出することになります。

　また、直接的にお金や地位、名誉など物理的な権力を通じてパワーを学ぶこともあります。

　女性性と男性性は、男女共に持っています。人それぞれの心地良いバランスがありますから、必ず均等である必要もありません。自分らしく物事に柔軟に対応できるようにその配分を意識してコントロールすることで、体と心の健康のバランスを保つことができるでしょう。現代人は男女共に多忙で、さまざまな能力を必要とされる複雑な社会のために、そこで生き残るために男性性を酷使している人が多いようです。休日には「何者でもなく、独りの自分」の時間を持ち、本来の自分のリズムを取り戻すとよいでしょう。

個人周期数8の年は、勤務先での権力争いや地位争いに巻き込まれたり、自分が関わらなくても目にすることで、力を持つことを考えさせられる機会があるでしょう。もしくは、自分自身の力が認められて、それまで考えられなかったような権限が与えられたりすることもあるかもしれません。家庭内においても、家族の役割の中での力関係を意識するような出来事を体験するかもしれません。

　そういう機会を得ることで、力を持つことのメリットとデメリットを体感することでしょう。「力はあった方がよい」、とか「力を持つと、ろくなことがない」など、その経験によって極端な思考で認識するのでは、バランスがよいとはいえないのです。

　力を持ったら、力を持った者の責任と義務を果たすこと、力を悪用する強い誘惑に打ち勝つ強さも必要で、その理性のバランスも必要になるというだけです。

　個人周期数8の年は、ビジネスではお金や権力、地位に振り回されず、きちんと自分に適切な結果を出すことで本当の強さを得ることになるでしょう。しかし、ポジティブに働けば、勝負に出られる時期でもありますので、個人周期数8の年に守りが甘くならないようにそれまでの期間に準備しておいて、「8」のエネルギーをうまく利用するとよいでしょう。

　パートナーシップや対人関係では、依存関係または威圧的な関係には注意です。関わることでお互いが対等で尊重され、お互いの力になれる人々と接するように人間関係にも注意を払うとよいでしょう。

# 個人周期数 9 の年

何かを手放すことは悪いことではありません
次の年からのサイクルを迎えるための総決算

*Keyword*

**完成の時期**

　個人周期数 9 の年は、個人周期数 1 の年から個人周期数 9 の年までの 9 年のサイクルを終え、新しいサイクルに入るまでの総まとめの年となります。

　次の年からの新しい 9 年のサイクルにふさわしいものを残し、不要なものは手放して、身軽になって準備していくときを迎えます。今までのサイクルを完成させる年となります。

　人は手に入れるためには努力をしますが、手放すことには、なぜか罪悪感を持つ人が多いように思います。動物としての本能として、「一度手放したら、また同じものが手に入らないかもしれない」という危機感があるのかもしれません。

　物にしろ、人間関係にしろ、仕事にしろ手放すためには、「これがなくても、自分は大丈夫」という自分への信頼が必要になります。9 年のサイクルが終わった後には、必ず次の個人周期数 1 の年からのサイクルがあるように、手放した後には、新しい流れに必要なも

のが手に入るものです。今の判断を信頼できるようになることで、自分自身の魂の声をしっかり聞き取れるようになり、自分をこの壮大な宇宙の中で明け渡すことができるようになるでしょう。

　個人周期数9の年は、一つのサイクルの「総決算」の年でもあります。物だけでなく、身辺をきれいにしてすっきりとさせることで、場を整えることができます。やり残して気になっていることがあれば、きっぱりあきらめて今後本当にやりたいことに集中するか、やってしまって片づけるようにしてください。人間関係の見直しもするとよいでしょう。無理やりご縁を断つのではなく、今一緒にいたい人といる時間を優先してつくっていくことで不必要なおつき合いで無駄にする時間もカットできますし、一緒にいて楽しい人とより楽しむ時間を持てるようになります。

　仕事にしても、すべてを自分で抱えて部下や関係者にお願いできないようであれば、それも溜め込んでいる結果です。人を信頼してお願いすることは、「自分がやった方が、早くて上手にできる」という効率を優先する気持ちもあるかもしれませんが、「この人に任せて、本当に大丈夫か？」と自分が判断することへの信頼が薄いからとも言えます。自分を信頼してはじめて、人に任せたことへの責任を負う力になります。社会との関わりの中で、人にお願いしたりお願いされたり、ギブ・アンド・テイクの精神を養うことで、奉仕の心を育てる年でもあります。

## 数秘術・アロマセラピーと医療行為のつながり

私は現在、サトルアロマセラピー（スピリチュアルアロマセラピー）、数秘術、タロットセラピーを中心に活動をしています。その中でも、数秘術とアロマセラピーは、本業でもある医療に似た工程だなと感じます。

数秘術は、統計的に数の持つ性質を学問としても累積されて今現在の形になっています。医学も経験が何千年も蓄積されて今の研究に結びつき発展しています。そして、実際の数秘術のセッションでは、クライアントさんが持つ性質をさまざまな数によって書きあらわし、形にしていきます。その作業は、医師業でいうと検査データを取って検討し、カルテに記載している部分に当たるかなと感じています。

アロマセラピーは、そのエネルギーを実際に肉体に作用させるように体に働きかけてくれます。フラワーエッセンスやそのほかの体に塗ったりオーラ層に吹きつけるツールも同様に肉体に働きかけます。しかしいろいろ使ってみて、純粋な精油の方が肉体にとってははっきりと体感しやすい場合が多いようにみられたため、アロマセラピーをいろいろな場面で応用するようになりました。これは医師であれば薬の処方をしているような感覚なのです。

数秘術やタロットセラピーで浮かび上がってきた現在最も対処すべき領域に対して、それに対応する精油で肉体とエネルギーを調整してあげることで、言葉では伝わらなかった領域にも安全で確実に必要なエネルギーを届けてあげることができるようです。エネルギーの領域に関しては、現段階は医療行為と区別されているものですが、人間の英知や科学がさらに進歩したら、もっと融合して新しい科学になっていくのではないかと楽しみにしています。

# III 宇宙周期数を知る

# 宇宙周期数とは

「宇宙周期数」とは、その1年のテーマをあらわしたものです。

### 計算方法

その年の西暦を足して一桁にした数です。ただし、「11」、「22」となった場合は一桁にせず、そのまま用います。

例えば、2009年の場合
2＋0＋0＋9＝11
この年の宇宙周期数は、11となります。

　宇宙周期数はその年の宇宙が持つ全体性のエネルギーの性質を数であらわしています。

　宇宙周期数は、その年の宇宙全体の傾向をあらわす数になりますので、すべての人に平等にそのエネルギーが働きます。どちらかというと個人レベルでの影響をみるときに重要視するというよりも、社会レベルでの価値観を検討し、もしくは地球規模のエネルギーの向かう方向性や、自然界の変化を考察する際に参考にする場合に用いることが多いです。

　個人として宇宙周期数の影響を考慮する際は、その年の宇宙周期数のエネルギーの特徴をつかみ、その性質に沿う方向性や考え方をチョイスしましょう。その際は、自分がその年にどの個人周期数にいるのかも含めて把握すると、自分自身に宇宙周期数の持つ性質がどのように影響するのかを感じ取りやすいでしょう。

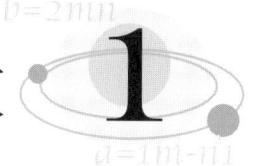

# 宇宙周期数 1 の年

> *Keyword*
> 明るみになる、発見、新しい流れ

　宇宙周期数1の年はスタートの年でもあるので、新しいビジネスの分野が台頭してきたり、世の中のトレンドの流れが大きく変わったり、人々の思考の方向性が変化するという流れがみられる年となります。その後の未来を予感させる、指針となるような象徴的な出来事が起こることでしょう。若い世代が、それまで一部の間でのみ水面下で広まっていた、今までと異なる方向性の思考を形にして、これからの未来に向けたムーブメントを発信することも考えられます。

　これからの新しいサイクルに向けて、今までの膿を出し切り明るみに出る流れを持ちます。前年の宇宙周期数9の年に完成させたり、クリアできなかった要素をここできちんと清算して、しっかりした未来を築くための力強さのあらわれでもあります。そのため、隠れた不正や裏切り、隠された素顔がさらけ出される1年です。

　不要なエネルギーを手放して身軽になり、未来に必要な方向性に焦点が合わさっていく1年といえます。

　「先が思いやられるな」と感じるかもしれませんが、ここで膿を出し切って、より良い解決策を見出すことで力強く新しい息吹を生み出すことになるのです。

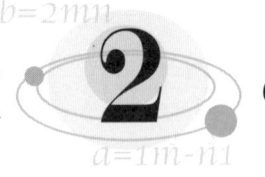

# 宇宙周期数 2 の年

> **Keyword**
> 成長、大きなうねり

　宇宙周期数 1 の年まででネガティブなエネルギーをも含めて明らかになった未来の方向性が、さらに現実化されてみられる年となるでしょう。

　宇宙周期数 1 の年で生まれた新しいムーブメントは、さらに世に広がり一般にも広く認識されるようになります。そのためこの年は、時代の求める物事やトレンドが提案され、浮き彫りになる 1 年ともいえます。若者の間でブームになることが変わったり、生き方の指針や、人々が社会に感じる風潮も変化しつつある体感があるかもしれません。

　世論が求める声がより鮮明になり、社会を牽引する立場や企業、政治面においてもその声を受け入れて形にする必要が出てきます。

　そのような 1 年なので、世論の風に逆らわず、受け止めた上で、その方向性をうまく盛り込んだり、適度にフィットさせた企画やビジネスが軌道に乗りやすいことでしょう。

# 宇宙周期数 3 の年

> **Keyword**
> 創造、破壊

「3」は活発なエネルギーをあらわします。ポジティブに働けば、創造性としてあらわれ、楽しみをつくり出します。しかしそれがマイナスに働くと破壊的な力ともなり得ます。

宇宙周期数年3の年は活発な変化がみられるときです。世界中で経済の動きが活発になり、ポジティブに働けば景気回復に踊り、レジャーや趣味にエネルギーを注ぐ流れが活発になることも考えられます。スーパースターが輩出されて、世界的に熱狂しみんなを酔わせて楽しませるかもしれません。

自分の意思や想像力を発揮して人生をつくっていけるような自由な社会的な風潮が世界的に広まる可能性もあります。

しかし、ネガティブに働くと、破壊の力は戦争や内紛などとして噴出することが考えられます。「3」の破壊的でネガティブな流れはもっと瞬発的に膨らんだエネルギー同士がぶつかって火花を散らすような感覚です。そうなってくると、いつ危機が訪れるかという身近な不安を感じてピリピリした緊張感を伴う社会的な風潮をつくり出す可能性もあります。

そのため宇宙周期数年3の年は、大きな出来事がわかりやすい形で噴出する可能性が高いといえます。

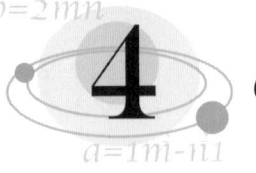

# 宇宙周期数 4 の年

> **Keyword**
> 現実を見つめる

「4」のエネルギーは、物体や現実などをあらわしています。宇宙周期数4の年は現実を見直さざるを得ないシビアな出来事に直面し、極めて現実的な対応を突きつけられる状況を体験することになります。夢物語やポジティブな面ばかり伝える情報を信じるだけで行動に起こしていない人は、後回しにしていた現実的な側面を突きつけられ、対応を迫られるでしょう。

社会的にも後回しにしていた問題や政策などにフォーカスされて、対応を迫られるような流れになります。

現実を見つめ直すことが必要なときには、「リアルライフ＝当たり前の毎日」をきちんと歩くという、当たり前の毎日を見直す傾向が強くなるでしょう。

宇宙周期数4の年は、現実的に形として結果を出す行動が必要になります。言うだけではダメということです。

# 宇宙周期数 5 の年

> Keyword
> 発展的自由を求める

　「5」のエネルギーは、変化や活動のエネルギーをあらわします。宇宙周期数5の年は物事を発展させるためのエネルギーが要求される年になります。そのため物事の進み具合も早くなりますから、流行もめまぐるしく変わったり、人生を大きく方向転換させる人も多くみられる傾向があるでしょう。

　発展を求められるため、積極的な投資や夢を叶えるための大きなアクションがクローズアップされる可能性があります。

　しかしそれが一時的ブームとして加熱してしまうと、そのめまぐるしい変化の風に踊らされる人はゴールも考えずただ突き進んでしまい、痛手をこうむるかもしれません。

　宇宙周期数5の年の活動的エネルギーは宇宙周期数4の年のどっしりとした現実的な流れから一新して大きく次の流れへ向けて、一気に加速するようなエネルギーなのです。その中でも踊らされてあらぬ方向に流されないように、きちんと先を見据えてその大きなエネルギーを集中して使うことで、驚異的なスピードで飛躍することができる年になります。

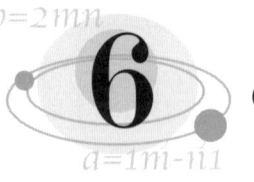

# 宇宙周期数 6 の年

$b=2mn$
$a=1m-n1$

> **Keyword**
> 愛、奉仕、アート

　宇宙周期数6の年のエネルギーは宇宙周期数5の年のパワフルな流れから一転して、穏やかでくつろぎの流れをもたらします。宇宙周期数5の年で加速された勢いで活動してきたものは一時ここで小休止できるようになるでしょう。

　芸術やアート、好きなことにだけ没頭してそれまでの一般社会では表舞台に立っていなかった人々は、その芸術性が認められ活動が活発化していきます。

　宇宙周期数6の年は、絵画や音楽、デザインなどの分野にスポットライトが当たるときになりますので、そういう分野に趣味を持つ人にとっては楽しいときとなるでしょう。

　また愛と奉仕の性質ももたらしますから、あらためて家族や友人、恋人など自分の大事な人との関係性もクローズアップされます。日頃慌ただしくてなかなか家族や大切な人との時間が取れない人も、その関係性の温かさや大切さに気づき、一緒に過ごす時間を多く持つことで、心のくつろぎも得られるでしょう。

　人類愛や自然への愛などがクローズアップされる風潮も見受けられる年になります。

# 宇宙周期数 7 の年

> **Keyword**
> 一人のスペース

　「7」のエネルギーは、内観と研究の性質を持っています。宇宙周期数7の年は、学問の研究や開発に力が注がれる年になります。特に医学や科学に注目が集まり、より深められていきます。

　また、自分がくつろげるスペースを持つということも大切な要素になります。宇宙周期数7の年になると、外で仲間とワイワイ騒ぐようなレジャーよりも、自宅でゆっくりする時間や一人でじっくり没頭するような趣味に注目が集まるでしょう。

　「自分はくつろぐ場所がない」「気が休まらない」「病気や人生への不安」というようなネガティブな側面を感じる人は、まずは自分のまわりを落ち着いて見回すことでそういった漠然とした不安感と対峙して克服する流れを見つけるかもしれません。

　自分の心の中にこそくつろぎの時間があり、そこから自分の本質が望むものを深めることができるのです。そういう自分に向き合う時間を意識して取ることで、宇宙周期数7の年を有意義に過ごせるでしょう。

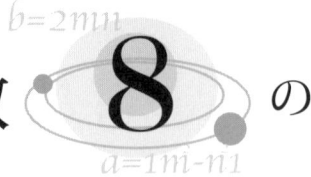

# 宇宙周期数 8 の年

> **Keyword**
> パワー、破壊

　宇宙周期数8の年は「パワー」がテーマになります。

　地球全体が大きく発展へ向けて動き出すときなのです。大きく発展する流れに乗り、個人も生きる力を蓄えることで自分に与えられた状況や環境、ビジネスなどを発展させることができます。そういう中で、人への裏切りや恨み、競争から人を貶めたい気持ちを行動にあらわすことは大変危険です。そういったことが原因の凶悪犯罪も目立つ1年になる可能性があります。

　宇宙周期数8の年の持つ強大なパワーが争いに使われると社会的にも大きな打撃となります。戦争や経済危機、国家間の足の引っ張り合いなどは、本当に壊滅的な結果を生み出すことにもなりかねません。

　争うことにその大きなエネルギーを浪費するのではなく、地球規模での成熟と発展に向けて、エネルギーを使用することを心がけることは、そのパワーを持つ私たちの義務でもあります。

　地球規模にしろ、個人でのレベルにしろ、大きなパワーで満たされるこのときには、そのパワーをどう使うかで今後の発展の仕方が変わってきます。自分の思う方向にベクトルをしっかりと向け、パワーに振り回されずに意識的にコントロールしましょう。

# 宇宙周期数 9 の年

> **Keyword**
> 完成、終わり

　宇宙周期数9の年は、数字の流れの最後の年に当たります。これはピュタゴラス数秘術では、宇宙周期数1の年から宇宙周期数9の年までを一つの流れとして考えるからです。この年は次の年から始まるサイクルに向けて、終結すべきものはし、新しい流れを取り入れる準備をするというのが正しい過ごし方になります。そういったときには、その新しい流れを受け入れることができない勢力が抵抗する動きをみせ、最悪の事態になると、戦争や内紛などの形を取ることも考えられます。しかしここで、必要な流れを手に入れて古い不要なものを捨て去れるかどうかで、社会的なその後の流れも大きく変わっていきます。泥沼化した問題や事件の終結、今の時代にそぐわない古い体制の崩壊などがみられることでしょう。

　生活上でも、何となく新しい流れがやってきている実感があるかもしれません。あまりその流れに抵抗せず、うまく乗っていくことに集中して固定概念や既成事実、決めつけの思考が古いと評価されて、新しい思考の流れがみられるでしょう。そうなると、新しい概念を語るビジネス本ブームや、生き方や考え方のトレンドがつくられてくることもあります。新しい時代に向けて身軽になっていきましょう。

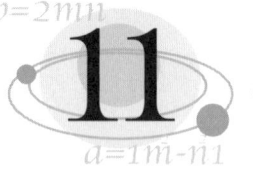

# 宇宙周期数 11 の年

> **Keyword**
> ひらめき、感受性

　1910年以降、宇宙周期数11の年はなく、2009年にやってきました。1910年はハレー彗星が地球に接近しましたが、その際に「地球が滅亡する」という噂が世界中に広まり混乱を来したことがありました。ビタミンが世界で初めて発見されたのに、その当時は重要視されず、黙殺され1911年に再度見直されました。（後のビタミンB1）当時は情報が少なく、科学も未発達でなかなか正しいことも広まりにくい時代背景ではあったのですが、直観が優れた人は世論にふりまわされずに、真実に気づき心の平穏を得ていたはず。

　宇宙周期数11の年は、社会では今まで知り得なかった情報が明るみに出て、真実がさらされることになります。また、大地震や豪雨による天災にも見舞われ、地球からのメッセージを受け取ることになるかもしれません。

　ひらめきと感受性が優れている状態というのは、自分の魂とつながって自信がある状態です。人それぞれの人生の中で、真実の幸せも、人それぞれです。真の自分とつながった上での直観が幸運のカーナビになってくれるときといえるでしょう。

# 宇宙周期数 22 の年

> **Keyword**
> 宇宙規模の計画、広い目的を果たす

　宇宙周期数 22 の年は、1993 年の後は 2389 年までやってきません。20 世紀には 7 回あり、特に近い年代でみると 1939 年は第二次大戦開始、1966 年はヒッピーのムーブメントが世界中にひろまりました。もともと「22」という数字が持つ性質は宇宙のエネルギーを持ち、個人レベルでの天とのつながりというよりも、広いこの世界での個の役割をあらわすエネルギーといえます。その「22」の性質を持つ年というのは、個人レベルでの影響というよりも、人類全体の方向性が一変するような流れが起こります。

　そのような出来事によって、過去から築いた固定概念や常識、決まりきったセオリーが崩れ、新たな時代にフィットする新しい基準をつくり上げるターニングポイントとなります。

　宇宙周期数 22 の年のエネルギーは今現存している人類は体験することはありませんが、人類全体に関わる大きな出来事が起こる可能性が高いでしょう。これまでの時代とは異なり、もっと精神性の一面でのビックバンが起こるのではないでしょうか。

# ピュタゴラス数秘術とアロマセラピーの関連性

**もっと人にとって必要なものを提供したい
ヒーリングのきっかけはレイキから**

　私にスピリチュアルな扉を開いてくれたものは、レイキヒーリングでした。初めは、「レイキなどのエネルギーワークは、本当に誰にでもできるものなのだろうか？」という疑問から始まりました。何でもやってみないと納得できない私なので、レイキを始め、本当にさまざまな手法を学んできました。実際にレイキを始めてみると、エネルギーを体感することができ、「ああ、やはり人はエネルギーを持っている」と感心したのでした。その体験によってますますスピリットに働きかけることについて興味が増しました。

　医師としては、興味があった美容医療分野に籍を置くことになりました。その間、「もっと本当に、人の体の健康に必要なものがあるのではないか？」「病院に来るようになる前に、もっと予防の段階で働きかけられる手段はないのか？　ビタミン剤を飲んだりとか、そういうバラツキが出る手段より、もっと根本的に目に見えない領域にあるエネルギーフィールドに、体でいうなら細胞レベルの段階にあるダメージに働きかける手段はないものか？」と常に思っていました。体の不調を感じて病院での治療が必要になったときには、もうすでに、初めは目に見えないレベルだったダメージが大きくなっているのではないかと思っていたのでした。そんな疑問を持ったまま、医師として数年働いていた頃に出合ったエネルギー領域に対するトリートメントは、本当に素晴らしいものだと感じ、その後いろいろな手法に関わってきました。

### 香りによる脳の刺激を思いついたことが
### 数秘術とアロマのコラボが誕生した瞬間

　それと併行して、カウンセリング手法の必要性も感じるようになりました。目に見えないエネルギー領域へのヒーリングは、体感できないクライアントさんもいらっしゃるからです。クライアントさんと一緒に確認していける手段も必要だと考えるようになりました。そこでカラーセラピーや、幼い頃から好きだったタロットカードをきちんと扱ってみたくなり、いろいろ文献を読み漁っているうちに、数のエネルギーの普遍性に興味を持ち、数秘術も学びはじめました。やってみると、数は世界中共通する言語です。時代背景が変わり、それに合わせて多少解釈は変わっていっても、数が持つ根本の質というものは普遍なのです。医師として思考回路がある程度トレーニングされている部分もあり、その「再現性」の部分は、信頼性につながるなと妙に納得したのです。誰が見ても誰が計算しても同じ人の持つ数の要素は同じになる、そこが魅力です。

　しかし数秘術やタロットカードのカウンセリングは、クライアントさんは専門的知識をもってカウンセリングにお越しになっている方が少ないので、その場では納得して帰られても、後々しばらくしたら忘れてしまって、うまく生活に活用できないと思われている方も多いのではないかと考えるようになりました。これでは、エネルギーワークと同じように、目で見えない領域は体感できないままとなり、もったいないと考えるようになりました。特に数秘術は、タロットカードのようにツールすら使わないので、なおさらです。人間である以上、体感は最もインパクトがある刺激なのですから……。

　そこで、私はアロマセラピーで香りによる脳の記憶領域への刺激

を利用して、無意識の領域にもカウンセリングの内容をよりしっかり届けられないかと考え、セッションの際に取り入れるようになりました。

　数秘術の場合は、数の持つエネルギーの性質に近い精油を当てはめて、数秘術セッションの後にエネルギー調整をする際に使用するようにしました。実際使ってみると、カウンセリングでつかんだクライアントさん本人の方向性や、その時期のテーマに関しての理解もイメージが、香りの記憶と結びついて反復されるようになります。数秘術のカウンセリングで得た、魂からの深い「気づき」を、さらにイメージングしやすくなるのです。クライアントさんからは、「家に帰ってしばらくしても、その香りを使うことで、自分に必要なメッセージをすっと思い出すことができて役立っています」という声を多くいただくようになりました。

## 教科書に沿った形ではなくクライアントに合わせてのブレンドスタイル

　日々のそのようなセッションでの体験から、それまで自分では積極的に行っていなかったサトルアロマセラピーも学んでいくようになり、サロンでのトリートメントセッションも行うようになりました。今では、希望される方にはタロットカードや数秘術を用いたカウンセリングで精油をチョイスし、その精油でトリートメントしています。トリートメントの経験を積んでいくと、精油を用いずエネルギーワークをするよりも効率的に、その人の持つエネルギー領域の様子を感じ取れるようになりました。

　精油が持つエネルギーは、セラピストがクライアントさんからのメッセージを受け取りやすくしてくれるようで、セラピストにとっ

てもより良いトリートメントを行えるのです。精油を用いていなかった頃より、細かく重点的にトリートメントが必要な部位を感じ取りやすくなりました。

　トリートメントの現場で上記のような確信を得て、今ではメディカルアロマセラピーも少しずつではありますが、独学で取り組んでいます。しかし私の場合は現代医学のように、科学的側面という限られた一面からのみ精油を扱い、「有機化合物」としての薬理学的な使用で終わってしまっては面白くないと思っています。セッションでのあの、「目に見えない領域とのリンク」や精油の持つエネルギーのパワフルさの体感を味わっている以上、化学的組成から考える処方の組み立てだけではなく、精油のエネルギーの領域も生かした処方をした方がより効果的だと思っています。

　そのため、私の処方する精油のブレンドは、いわゆる精油の教科書に書いてある効能とは当てはまらない精油も使用することもあります。同じ診断名の病気でも、毎回同じ処方になることもありません。ブレンドのスタイルはホメオパシーに少し似ているかもしれません。

　私のスピリチュアルな旅は今でも続いています。 数秘術をはじめ、私のクライアントさんから多くのことを学ばせていただき、精油の持つ可能性にたどり着きました。そして、一度は疾患治療としての現場からは遠のいた私が、肉体と魂の架け橋としての精油の魅力にたどり着き、結局は肉体への働きかけに再度興味を持つようになりました。その旅の終わりに何があるのか、私自身も想像に及ばずワクワクしています。

## 数とアロマのマッチング表 〜香りがメッセージを伝えてくれる〜

今現在、私が数秘術セッションでチョイスしている精油の一部を紹介します。数というのは軌道数や宇宙周期数などすべてを統合した純粋な数と考えてください。また、各精油はそれぞれの数の力を強めてくれるものです。つまり、「ゼラニウム」は「6」が持つ「優しさ」を強めてくれるということです。

| 数 | 精油 | 何を強めてくれるか |
|---|---|---|
| 1 | ブラックペッパー、ユーカリ | 地に足を着ける |
| 2 | イランイン、カモミールローマン | 受容性、女性性 |
| 3 | ネロリ、オレンジスイート | 自己の輝き、創造性 |
| 4 | ローズウッド、グレープフルーツ | 安定、現実的 |
| 5 | ペパーミント、パチュリ | 変化、自分をしっかりもつ |
| 6 | ゼラニウム、ローズ | 優しさ、愛 |
| 7 | ミルラ、サンダルウッド | 内観、自分との対話 |
| 8 | シダーウッド、フェンネル | 力 |
| 9 | レモン、ツガ | 手放す、原点に返る |
| 11 | フランキンセンス、ローズマリー | 天とのつながり、高次からのメッセージ |
| 22 | ラベンダー、ジンジャー | すべての調和、ワンネス |

## おわりに

　ピュタゴラス数秘術の世界はいかがでしたか？　やさしく学べてあらたな自分に気づくことができたのではないでしょうか？　数の持つエネルギーは純粋でさまざまな要素を含んでいます。このように数という、世界共通の普遍の形を持つツールはあるようでなかなかありません。その普遍性がある本物のツールだからこそ、あなたの魂の旅路の良き羅針盤となってくれるのです。

　今、日本には多くの人が魂の存在に注目し、さまざまな形で魂の成長に向き合っておられます。しかしその分、スピリチュアルな成長には必ずセラピストに何か特別なことをしてもらわないといけないと思っている人も多くなっているようにみえます。ピュタゴラス数秘術は自分のペースで学んで自分で実践できます。一度慣れてしまえばいつでも自分の力で簡単に開くことができる、魔法の扉のようなものです。せっかくピュタゴラス数秘術と出合ったからには、日々楽しんで扉の向うに旅を続けてくださいね。

　最後に、私と出会ってから共にスピリチュアルな旅を続け、仕事ばかりの私の生活をサポートしてくれる家族に多大なる感謝をしています。そして、初めての執筆で慣れない私を、何とか書き上げるところまで支えてくださった、説話社の高木利幸さんにも感謝の意を捧げます。

　そして、この本を生み出している中、私の中にも新しい命を授かりました。この命の成長と共に、この本で皆様のスピリチュアルな成長を共にできることに感謝しております。

またお会いできる日を楽しみにしています。

2009年　夏　暑い午後に。　　小橋京花

著者紹介

**小橋 京花**（こはし・きょうか）

2月28日生まれ（軌道数5）
医師、JAA認定アロマコーディネーター
株式会社Lotus Garden 代表取締役

軌道数5の自由人。旅好き。日本の各地に出没しています。医師として診療する中で、医療を必要とする前のケアが最も大事なことだと感じ、エネルギー領域の働きかけに興味を持ち研究をスタート。現在美容診療の傍ら、メディカルアロマセラピー、サトルアロマセラピー、数秘術、タロットを中心として活動している。

ヒーリングサロン＆レンタルスペース「Lotus Garden」
http://www.lotus-garden.com/
http://ameblo.jp/lotus-garden/

発行中のメールマガジン
「女美容系医師のスピリチュアルアロマセラピー」（M0083259）
http://mini.mag2.com/pc/m/M0083259.html
「女美容系医師のメディカルアロマ」（M0089784）
http://mini.mag2.com/pc/m/M0089784.html

## やさしく学べるピュタゴラス数秘術入門

発行日　2009年10月26日　初版発行

　著　者　小橋京花
　発行者　酒井文人
　発行所　株式会社 説話社
　　　　　〒169-8077　東京都新宿区西早稲田1-1-6
　　　　　電話／03-3204-8288（販売）03-3204-5181（編集）
　　　　　振替口座／00160-8-69378
　　　　　URL http://www.setsuwa.co.jp/

　デザイン　市川さとみ
　イラスト　市川さとみ
　編集担当　高木利幸

　印刷・製本　株式会社 平河工業社
　©Kyoka Kohashi in Japan 2009
　ISBN 978-4-916217-74-5　C 2011

落丁本・乱丁本はお取り替えいたします。